東日本大震災と社会認識

社会科学の眼を通して災害を考える

竹内常善・斉藤日出治 編

TAKEUCHI Tsuneyoshi, SAITO Hideharu

ナカニシヤ出版

巻頭言

本書は、大阪産業大学経済学部におかれてきたアジア共同体研究センター（ACRC）に参画する内外の研究者を中心に執筆されています。これはまた、私たちの試みている現代社会科学の再検討のためのデッサンの一部です。とりわけ、数年前から続けられてきました天津理工大学や、国内各地の研究者たちとの交流を通じて、ACRCの担当者なりに感じてきたことについて、一応の中間総括を試みようとするものです。

本書は、学術書としてではなく、教養書としてまとめられています。このため、綿密な参考文献の記載や引用注は付してありません。とくに国内で得られる資料や文献につきましては、本文中での説明にとどめている個所が多くなっています。また、専門用語の使用を極力避け、平易な表現を心掛けておりますが、理解の便宜のために一部にルビを付してあります。歴史的な事項については、そのあとにカッコを付して発生した年を、人物については生没年を付記した個所があります。それは関連する時代の確認に便宜を図るためです。同時に、そうした事件や災害、事項や人物等につきましては、現在ではインターネットでの検索が容易です。読者のみなさんは是非とも関連情報を集められて、それぞれに考察をお進めください。本書を単に情報として集められるのではなく、そのことで、私どもとの新たな対話が生まれるなら、それこそ本望というところです。

序言

災害には、人間が直接に関与してしまうものと、そうではないものがあります。人類がみずから引き起こしてしまう最大最悪の誤りにして甚大な災禍をもたらすもの、それは「戦争」です。とりわけ二十世紀になると、それは「世界大戦」という新たな被災の水準に突入してしまいました。それまでの戦争というものは、部族や国家を単位としながら、基本的に戦場において戦士たちによって遂行されるものでした。しかしながら、世界大戦の時代となりますと、大規模砲撃や空襲が一般化し、戦場と市民生活の境界はあいまいになってしまいました。さらに、一般の市民に対する直接的な攻撃も行なわれる事態となりました。その一方で、戦争の長期化と大規模化は、近代的な国家の整備や拡充と同時に進行してきた現象でもあったのです。

ところが、現代になりますと、相変わらず十九世紀以来の国家思想による国境問題のせめぎあいといった古典的戦争の危険性が残り続けている一方で、個人や小集団でも市民を巻き込んだ大規模殺戮が容易になるといった新たな状況まで生まれています。つまり、私たちは戦争といった災害のありようについても、それなりの時代認識あるいは歴史認識というものを意識しながら考えていかなければならないのです。もちろん、人類の引き起こす災害には、環境破壊を含め、戦争以外に実にさまざまなものがあります。それらについても、最近では新たな認識の枠組みをもって考えねばならない事態が、世界の多くの地点で生じるようになっているのです。

自然災害は二十世紀にも多く見られました。日本にだけ限定しても、関東大震災（一九二三）だけでなく、東北地方では幾度か大きな津波に見舞われましたし、第二次世界大戦中に中部地方を襲った大地震（一九四四）については、敗戦間近だった時局もあって、その全容を明らかにできないまま、現在に至っています。第二次大戦後になっても、福井や新潟、さらには北海道などでの大地震があり、世紀末には阪神淡路大震災（一九九五）を経験しました。台風被害については、第二次大戦以降だけについて見ても、キャスリーン台風（一九四七）や伊勢湾台風（一九五九）など、巨大被害が出る経験を幾度か重ねてきました。

なお、自然災害と人災の狭間には、それぞれの領域にまたがるような問題も見られます。半世紀ほども以前に、人文地理学者として個性的な人生を送った飯塚浩二（一九〇六－一九七〇）は、「水害もまた、一つの歴史概念ないし社会概念である」と指摘していました。彼自身から直接にうかがったことですが、古代のエジプトではナイルの洪水が始まる前に、住民は皆で高台に逃れていたようです。洪水が引いてからデルタ地域に戻り、農業耕作に取り掛かっていたので、洪水はあっても水害はなかったのです。さらにまた、幾何学や天文学の発達が、彼らの農耕生活をしっかりと支える関係になっていたのです。水害の時期は天体の動きで判断され、水の引いた土地を以前と同じように区分して耕作するには幾何学的発想が役に立ったのです。ところが、近年になりますと、たとえばガンジス川の下流域のように、人口爆発もあって、本来なら住民が立ち入らなかったような地域にまで、農業地と住宅地を広げるしかなくなってきたのです。そのために、大河の洪水によっておびただしい被害が出るようになっています。こうした事態から分かるように、自然現象が容赦ないものであっても、それを避けられるだけの余裕のあった時代もありえたのに、歴史の展開によって、それが人類の生活に多大な影響を及ぼすようになったのなら、その背景を考える知的な姿勢こそが必要なのです。そのような場合にこそ、歴史概念や社会概念という知的な枠組みが必要になるのだと、反骨の先学は指摘してきたのでした。

人類自身で原因を生み出してきた側面があったにせよ、災害を目の当たりにして、言うまでもなく、多くの対策が講じられるようになってきました。国際紛争の惨禍を避ける最初の試みは、すでに十六世紀から国際法への取り組みとなって現われています。問題が多かったにせよ、国際連盟（一九二〇－一九三九）や国際連合（一九四五）、さらにはＥＵ（一九九三－）といった国際的枠組みや、世界人権宣言（一九四八）や多くの平和宣言といった試みについても、人類の惨禍に対する痛烈な批判と、新しい世界を模索する強烈な熱意が働いています。それなしには、志のある人びとが、こうした努力に人生を賭けてゆくことはできません。

自然現象に対しては地震学や気象学の研究が進められてきました。また、自然災害に対応できる社会を作り出す必要から、耐震建築や免震構造などを普及させたり、防潮施設や防水施設を拡充させたりする試みが強化され、建築学や土木技術の発展も顕著でした。

そうした技術を活用して「公共土木事業」が推進されましたが、その推進に当たっては、国の財政政策の枠組みの成立が必要でした。この財政政策の有効な枠組みを模索し、その経済的意味を明らかにしようとして発達してきた経済学が、ジョン・メイナード・ケインズ（一八八三－一九四六）によって端緒が開かれた「ケインズ経済学」でした。

災害に立ち向かうためには、このようにさまざまな学問の発達や、直接間接にそれに関わるおびただしい人びとの関与が必要です。しかしながら、こうした災害への対処の仕方については、国によっても、かなり大きな対応の違いがあることも顕著になってきました。

自然災害の場合に限ってみるなら、日本においては、建築技術や土木技術の向上によって、個々の施設や建造物における耐震性や防潮性といった対応力の向上が顕著でした。地震研究の専門家たちによる助言によって、政策的な対応を進める地域も見られるようになっています。緊急時における自発的対応についての知識も普及してきましたので、集合住宅や町内会での取り組みが進み始めたところも出ています。

それでも、大規模災害に強い都市づくりといった、大規模な都市改造や地域再構築となると、あまり画期的な進捗は見られませんでした。ノースリッジ地震（一九九四）の後、アメリカ西海岸のいくつかの都市では、緊急避難用の広域空間が緑地として数多く整備され、さらに緊急支援のための大部隊が展開できるだけの交通網と空間確保が優先されてきました。その上での、都市の再建が進められたのです。

それに比較するなら、日本の場合は、神戸のように比較的洗練されているはずの都市でも、一部の人びとの懸命の努力にもかかわらず、多くの試みが中途半端なものに止まり、結局のところ、「伝統的」な過密都市に復しつつあるかのように見えます。改善の跡が皆無とは言えませんし、個別の善意や、特定の地域における協力は常に貴重なのです。しかし、都市設計という規模の問題となりますと、現代では、人口が集中し生活様式が高度化している分だけ、自然災害への対応に、より慎重で大規模な配慮が必要なわけなのです。だから、将来的な技術の進歩を見込んでも、以前より多少環境条件が改善されたからといって、それが緊急時の対応力の向上につながるとは言えないのが実情なのです。「先進国」といえども、このような対応の違いは明白に見て取ることができるのです。

経済的貧困に悩みながら、一方での人口爆発を経験しているような社会では、対応力の違いが大きな差異を生んでいます。街の再建は昔ながらの方式に頼っているとはいえ、緊急時の避難についての避難路や避難場所の確保を綿密に配慮している地域も出るようになっています。日本人からすれば、未開発の自然が豊かで、それを利用しているだけといった冷めた見方もできます。それでも、利用できるものを常にはっきりと見定めようとする知恵は評価に値します。知恵の働かないところで、どのような知識も効果的な成果を上げることはできないからです。

ただ、残念ながら、ほとんど対策らしいものが講じられていないままに、放置されようとしている国も少なくありません。先進国からの救援物資の支援や救助隊の活動も、基本的な再建策はあくまで当事国の責任だとして、ある程度の初発の対応が終了すれば、援助は中止され、人材も引き上げられてしまいます。それどころか、圧倒的多数の飢餓や疾病といった悲惨さの一方で、なけなしの救援物資を横流しして、急速に富を蓄える人物も稀ではありません。大災害が連続して同じ地域を襲う確率は低いでしょうが、それにしても厳しい現実が世界の実に多くの地域で見られるようになっているのです。

こうしたことは、私どもにある種の教訓を想起させてくれます。「まさかの友は、真の友」の謂《いい》ではありませんが、この間の多くの事件や災害に鑑《かんが》みても、危機の事態になればなるほど、人間や社会の本性が曝け出されることが多かったように感じられるのです。

ニューヨークの世界貿易センター・ビルなどが航空機の突入で崩壊した時（二〇〇一）に、「これは戦争である」とただちに叫んだアメリカの政治家もいました。そうした判断に、瞬時に同意したイギリスの政治家もいました。彼らとはまったく別に、事態の把握に努めながらより慎重な対応を求めた政治家もいれば、二十一世紀という時代が、宗教を中心とした価値観の相克する厳しい時代になろうとしていると憂慮する社会科学者もいました。「酷いね！」とだけコメントして絶句するだけの日本の代表的政治家もいました。崩壊の圧倒的劇場性を凝視するだけで、背景で何が起きているのか考えつかない人びとは、少なからずいたはずです。

テロに使われた航空機の中でも、報道によれば、さまざまな事態が生じていました。緊急事態を友人に携帯電話で伝えようとした人がいます。愛する者のために、最期のメッセージを伝えようとした人がいました。神への真摯《しんし》かつ静謐《せいひつ》な祈りに入った人もいたようです。無理を承知で、武装したテロリストへの抵抗を試みた人すらもいたのです。泣きじゃくった人もいれば、最初の突入機の場合には、何も気づかないままに人生の最期を迎えた人もいたことでしょう。

こうしたことについて、個々の人物の個性の違いに言及することは、ここでの課題ではありません。極限状態における人間としての選択肢の多さと、それらを的確に認識できることを前提とした人間的決断力の養成を現代教育の課題として考えることでもありません。残念ながら、現代における日本社会では、こうしたことを教育課題として受けとめる発想が貧弱になっています。この点では、気概に燃えた明治期の教育者たちに比較して、なんとも見劣りする状況が深刻化しているのです。しかし、それらについては、防災の現場で調査と研究を続けている担当者からの論考を別にして、本書で全面的に取り上げる余裕はありません。

ただ、行なわれていることや進行している状況の背景について考える能力については、積極的に触れなくてはなりません。そのことは、本書全体の課題となっています。また、近代社会が形成されてくる段階で大きな役割を果たした民衆的コミュニティーや社会活動の底辺に流れていた「公共心」（パブリック・マインド）が、危機や災害を通じて、どのように蘇生しつつあるのかについても、注目してきました。それはアジアにおける中間的市民層の形成や社会的規範の動向にも関わることだからです。ただし、この「公共」とか「パブリック」と総称する領域の背景が、それほど簡単でも鮮明でもないことにつきましては、本書のいくつかの指摘からも、気付いていただけるかと思います。

なお、本書では、途上国の事例についてもあまり立ち入ることはしていません。例外的に中国の事例を取り上げています。ただ、それは途上国全般の問題としてではなく、パブリック・マインドの形成に関わって、これからの（日本を含めた！）アジア地域の問題を再検討する手がかりとして扱いたいからであって、災害との関連で途上国問題の全般に迫ろうということではありません。

東日本大震災と社会認識

――社会科学の眼を通して災害を考える――

＊目次

東日本大震災と社会認識

――社会科学の眼を通して災害を考える――

第1章　災害の複合化と社会認識
――経済学の現状とのかかわりで――

竹内常善

1　はじめに

自然災害だけでなく人災を含めた災害の規模は大きくなっています。本章で問題にしたいことの一つは、そうした現代的状況を意識しながら、経済の「成長」に関わる経済学の捉え方について、その再検討の可能性について考えることです。「経済学の父」とも呼ばれてきたアダム・スミス（一七二三―一七九〇）の古典的な説明にもあるように、現代経済とは「分業による協業」といった体制をどんどん進化させながら発展を続けてきました。実は、生産過程における分業と協業の関係についても国によって展開の仕方がずいぶんと違っているのです。しかし、そのことについてここでは扱いません。ここでは分業を、個別の生産現場における工程の細分化という意味だけではなく、生産と消費、情報収集と分析、諸々の学問間の分業といった広い意味から、もう一度考え直してみようと思うのです。

そのように広く考えるなら、分業が次々に展開していく結果、多くの領域でまったく独自の論理空間や人間関係が成立してくるにしても、社会全体での調整については市場の機能だけに頼ることはできません。分業や協業と同じように、近代的な市場についても国や地域によって解釈と制度に違いがあるのですが、そのことは別にしても、スミスの考えた「近代的市場」の果たしてきた役割の絶妙な意味は認められても、それだけでは処理しきれない領域が肥大化していく社会というのも少なくはないのです。本章では、主に日本の大学における社会科学の領域を素材に取り上げながら、そのことについて考えてみたいと思うのです。

いま一つには、それぞれの国における危機への対応の違いに関わる点です。それについては、個々の国民の個性の違いとして考えようというのではありません。ここでは、対応の違いが、個別の工業化過程における近代的諸概念の受け取り方の違いにも関わっていたのではないかという点に注意してみたいのです。

2　戦後改革と見落とされた課題

†日本社会と大学の変容

この節ではまず、第二次世界大戦後の日本における大学教育のいくつかの特徴から見てゆくことにいたします。教育制度全般のこととなりますと話が大きくなりますし、大学関係者だけで扱うべきことでもありません。

一九五〇年代の日本では、戦後教育のあり方や、大学のあるべき姿を求めて、多くの意見が出されていました。義務教育の現場でも多くのことが取り上げられていましたが、大学のあるべき姿をめぐる議論も実に活発な時代だったのです。それらの中に、現代でも実に興味深い課題は多いのですが、逐一紹介する余裕はありません。ここでは、特定の課題を取り上げます。と言いますのは、半世紀以上も前の時代に強調されていたにもかかわらず、最近ではまるで忘れられたのか、あるいは露骨に無視されるようになってきた課題が少なくないことに気づかされたからです。阪神淡路大震災や東日本大震災の後に、いくつかの大学での試みに参加したり、協力したりしているうちに、日本の多くの大学が数十年間のうちに大きく変質してしまったことを感じました。そうした経験の背後にあるものについて、ここでは検討してみたいと思います。

またすでに、これも半世紀以上も前からも指摘されてきたことですが、大学の変容は同時に、社会の変容の鏡でもあります。大学の変質の背景にあるものが、日本社会のどのような転換と関わっているのかについて、後半では検討してみたいと思います。そのことで、私の関わってきた経済学という世界で、専門家による学問理解がどのように変容してきたのかについても触れることにします。

†　戦後大学再建期における教育観と学問観

第二次世界大戦の敗北によって、日本社会では国家と国民の再生をめぐって真剣な議論がすぐに重ねられることになりました。ここでは、その時代の高等教育とりわけ大学のあり方をめぐる議論の一部を紹介して、問題の手がかりを得ようと思います。

その時代に、日本の大学の社会的な使命を積極的に論じた人びとの中でも、天野貞祐《あまのていゆう》（一八八四－一九八〇）、南原繁《なんばらしげる》（一八八九－一九七四）、矢内原忠雄《やないはらただお》（一八九三－一九六一）といった大学人は、それぞれに傑出した人物でした。戦後の文教行政に対する姿勢は、それぞれに異なっていきます。それでも、戦時期における軍部の強硬姿勢とは一線を画して生き、個々人の内面的な自立心を拠り所として生き抜いていた姿勢から、私たちが学ぶべきところは大なるものがあります。

そのような大先学たちですが、第二次世界大戦後における日本の教育体制再編に当たっては、ある共通した認識が働いていて、どうも、そこには後の時代につながる問題点が宿っていたように思われるのです。それは、戦後の小学校から大学にいたる六・三・三・四年制に関わるものでした。初等教育から中等教育を経て、高等教育に至る課程を同じような枠組みに整理しなおしていこうという基本方針には、ある判断が働いていました。ここでは、そのことを「単線主義」と呼んでおきます。この考え方は、戦前の制度が「複線主義」に拠っていて、そこから多くの弊害がもたらされたという苦い認識を内包していたように思われるのです。

戦前期の制度では、大学に進もうと思う人間は、まず高校に進み、それを通過した場合にのみ、大学への進路が開かれるようになっていました。それに対して、義務教育を終えてから実業教育の課程に進んだ者は、高校や大学への経路とはまったく別の経路を辿るように設計されていました。つまり、一部のエリート教育と大衆の選択肢とは、明確に区切られていたということになります。このために、一般の大衆的雰囲気や処世観を理解できない、独善的なエリート層の形成が進み、それが日本社会の進路を誤らせ、ひいては破局への道を歩ませてしまったと考えられるようになったのです。

そうした複線主義への反省から、戦前の高校を大学の教養課程に再編成し、実業教育の先端を担ってきた教育機関も大学に格上げし、同列に並べるという方式が考えられました。また、戦前の中学や、就学期間の異なった中等実業教育の制度も、画一的に新制高校として再編成されたのです。就学年限が明快に統一されたこともあって、六・三・三・四制という呼び方が新鮮な雰囲気で理解されたのです。

このことによって、普通教育と実業教育の垣根が取り払われ、全国民の共通した制度が完成したという理解や、それこそが民主制にふさわしいといった理解が広まったのです。これが単線主義の理解でした。実は、戦前の制度には、さまざまのバイパスが準備されていました。また、制度的な妥協もあって、戦後的な状況に近い実態も生まれつつあったのです。ただ、そうした微妙な動きも含めて、制度の統一と公平性の確保ができたという安心感が、単線主義的理解にはらまれていくことになったのです。

しかしながら、制度はあくまでも手段であって、そのことがただちにエリートの独善性を阻止できるほどに見事な制度的保障になるとは限りません。そこに、目的と手段に関する、微妙な判断のズレが生じていたように思われます。制度の統一性は、ややもすれば人びとの判断の画一性を生み出します。そのことは、やがて硬直した価値判断が入り込みやすい社会条件を形成していくことになるのです。とりわけ、偏差値という共通のモノサシの普及は、個別の制度の内部における格付け意識を膨らませ、複線どころか超多線の差別構造を肥大化させてゆくことになったのです。

† 南原繁の大学観

もちろん、先に紹介した人びとには、そうした制度の変質についての慎重な配慮をしておくような、精神的な練度というものがありました。その一端を、ここでは南原繁の大学観や学問観からみておきます。その多くは彼の遺した作品から拾い出していくことができます。ただ、以下では、筆者の郷土の大先輩として少年時代から直接間接に再三注意されてきたことを中心に、簡単に紹介するに止めます。

何より彼にとって、大学という空間は、パブリックとアカデミックの課題のみを鍛え上げる世界でした。極論するなら、個人的な悩みや世迷いごとなどを早々に卒業できた人間だけが、大学に来ればよいといった絶対的な基準が存在していました。そのような人格にして、初めてそれぞれの課題を模索していけるのだという認識、あるいは、そうした課題に向かって人生を丸ごと賭けるしかないといった意識が鮮明だったのです。そのこともあって、彼自身も、私的な相談や依頼ごとなどもってのほかといった鮮烈な意識で人に接し、自己を律していたようです。

とりわけ、学問的な課題とは、人生がいくつあっても足りないような、広大無辺の領域として意識されていました。だからこそ、そこに挑もうと思う人間なら、慎重な準備と揺るぎがたい決意で、ひたすら自己の研鑽《けんさん》と努力を積み重ねていくしかない。それで途中で挫折するようなことがあっても後悔しないような決意と覚悟があって当然、と考えていたようです。また、そういった気概が人に伝わらないような人間なら、大学人には値しないといった雰囲気を鮮明に維持し続けていました。

その場合に、そうした基準を他者に要求し続ける人物では決してなかったことに注意していただきたいのです。彼に接していて、教えられたことは数えきれないほどあるのですが、とりわけ、「内的規範」という言葉の重さを、心の底に直接投げ込まれたような経験をしました。同じような思いをした人は少なくなかったでしょう。それは、自分の人生のもっとも貴重な部分は、他者に要求することも説明することもなく、自身で受け止めて、ただひたすらに背負って歩んでいくものでしかないという決意のようなものです。そして、そのような課題を受け止められた人間だけが、大学という知的空間を担うに値するのだという思いが、生活態度に漂っていました。そのことがまた、教育者としての必要条件としても捉えられていたように思います。

ここでは、アカデミックな課題だけが認識されていたのではないことも、注意していただかなければなりません。学問的な専門性を追求するなら、同時にパブリックな課題についての責任と常識を守れといった規範は、矢内原忠雄ほどの宗教的気迫で問い詰めてくるものではないにせよ、彼にも実に鮮明でした。戦時期、軍部強硬派の恫喝《どうかつ》にも屈することのなかった彼らの勁《つよ》さは注目に値します。「個人」というのは、社会との接点で何を考え、何を試みようとしているのかで形成されてくる人生態度そのものでしかないといった考え方が随所にうかがえる生き方を貫いていました。また、それは学問を担う上でも必要な条件だと考えられていました。さらに、学問や社会的課題と向き合う上で、そうした内面的過程のない人格は単なる「私人」ないしは「孤人」でしかない、という厳しい自己規制と見極めがあったように思います。

† 知的専門性と教養

また、南原繁だけでなく、彼の世代の大学人の常として、若い世代に対して、研究者として次のようなことを幾度となく強調してきました。それは、研究者として各々が関わっている学問領域での専門書や専門論文を書き進めることは当然としても、それ以外に「教養書の書ける人間であれ」というものでした。言い換えるなら、「専門書と教養書を書き分けられる人間になれ」という人生的命題を遺していったのです。最近では、両者の領域があいまいになり、ミニ専門書のような新書版の出版物が増えてきました。しかし、出版当初からの岩波新書の後書きにも記載されてきましたように、新しいスタイルの書籍の出版には、専門職能を担う大学人なら、まずそうした知的専門性の背後にある常識と教養についても明示的に明らかにしなくてはならない、という思いが込められていたのです。

このような考え方は、日本においては、一九六〇年代あたりから急速に変わってきたように感じられます。それまでは、大学人として生きていくには、「学問に王道なし」とする覚悟があって当然といった受け止め方がなされていました。そこへの接近の仕方についてはさまざまに考えられていました。万巻の書に直接に挑み、そこでの模索から突き出た者だけがそれに値するという理解もありました。一方では、「狭き門より入れ」とする考え方も強調されてきました。いずれにしても、個々人が入口を求めて苦闘することは、知的世界へ接近するための当然の洗礼だと思われてきたのです。そのため、学問的な先端を目指す人間なら教科書とか入門書とかは書こうとしないはずだ、といった雰囲気が強かったのです。たしかに、入門書の執筆などの時間を見出すのが不可能なほどに、強烈に忙しい生活に追われる先生方が多かったのも事実です。その一端については後でも紹介しますが、彼らは研究以外にも関わるべき世界が多く、教育についても、個々の人生に深く関わるほどの濃密な指導が珍しくなかったのです。

その一方で、入門書など、専門学校の先生に任せておけばよい、といった雰囲気もありました。そのような執筆など、大学人の関わるものではないといった、やや尊大な意識すらも見られたものです。南原繁や矢内原忠雄たちが厳しく戒めていたにもかかわらず、大学をさらに前進させなくてはならない立場に立ちながら、一般社会や大衆を見下すエリート主義の弊害は、次第に拡大しつつあったのです。

† 教科書の革新性と限界

こうした状況に対して、「誰でも、どのような学問にも、常に容易に接近はできるし、同時に、それにはより便利でより効率的な近道がありうる」とする考え方が普及してくるようになります。尊大なエリート主義の前では、こうした発想こそまことに革新的に聞こえます。とりわけ、第二次世界大戦後のアメリカでは、大学進学率の急上昇とあいまって、大学でのマスプロ教育が進み、標準的でかつ大冊の教科書が必要な状況が各地で生じていたのです。その典型的な事例が、ポール・サミュエルソン（一九一五-）の『経済学』でしょう。やがて世界中に普及することになるこの経済学入門書は一九四八年に出版されました。その当時のアメリカは、戦場に出かけていた若い世代がいっせいに大学に戻り、世間ではベビー・ブームの到来した時代でもありました。より正確に言うなら、この本は大学で経済学を志す者が入学前に勉強する材料として執筆されています。後の時代でも、アメリカやイギリスにおける著名大学で経済学を専攻しようと決意しているオマセな高校生や、大学への再入学や編入を目指す志望者などが、まず手にする書物として有名になります。ところが、この世界的出版物は、大学進学率が急上昇する世界各地で大学における教科書として急速に普及しただけでなく、多くの国で、教科書や入門書の出版に拍車をかけることになったのです。それはまた、多くの国において、社会の経済成長と大学生数の急増により、そうした書籍への需要が急拡大したことにも、見事に対応していました。

学問への接近が容易になること自体は歓迎すべきことです。ただ、人間の選択する行為である以上、どのような状況にも多様な意味合いが付きまといます。古典的大学人の時代にも、確立したはずの制度にある種の陥穽があったように、現代的状況にも、いくつかの問題点が潜んでいました。

高等教育の専門課程でも教科書が不可欠ということになり、その市場が拡大することになると、当然に供給の拡大をもたらします。サミュエルソンもそうでしたが、入門書の執筆で多大な収入を得られる著名人が見られるようになったのです。そのことが分かると、世界各地の大学関係者がいっせいに「専門書の教科書」つくりに励むという特異な事態が見られるようになったのです。酷い場合には、教科書に折り込みの用紙が添付されていて、それを利用しなければ大学に提出するレポートの受付を行なわないという商売根性むきだしの出版も珍しくなくなってきたのです。教科書になど見向きもしない大教授の時代から、いつの間にか、ベストセラーの教科書を書く先生がより偉いといった時代に変わっていったのです。

高等教育用の教科書文化の普及にともなって、もっと大きな問題も生じるようになっていました。「読み・書き・算盤」といった生活に直結した初等教育の必要課題とは異なり、高等教育というのは、一応の能力と知識を吸収できた人間が、その認識の限界に迫っていくための基礎的訓練の領分でした。アルフレッド・マーシャル（一八四二－一九二四）が、彼の学問的な到達点の一つの整理として出版した『経済学原理』の導入部でも書いているように、理論的に精緻であろうとすればするほど、学問的な前提条件が厳しくなってしまうのです。ところが、教科書としての分かりやすさを強調すればするほど、そうした学問的前提条件についての説明は省かれてしまいます。そのため、展開や結論があたかも普遍的な真理であるか、常識的な既成事実であるかのような説明が横行することになっていったのです。

このため、知的な前提であるはずのことが、あたかもそれが現実であるかのように説明される危険性が大きくなっていったのです。極論するなら、利用した教科書でその人の人生や価値観が限定されてしまうような状況が生じやすくなってきたのです。さらに、教科書それ自体の内部で、初級、中級、上級といった分業関係が成立してくるようになります。これはこれで一種の高度化の過程だとも言えます。しかし、異質の考え方への配慮は抜きで、中級、高級と進んでしまいますと、同じ学問領域でも手法の違いで意見交換もできないといった状況が生まれるに至ったのです。こうなると、大学が本来的にもちあわせようとしていたはずの「知性による自由」どころか、「知性による束縛」が蔓延しかねません。そのことはまた後に議論することにしましょう。

南原繁たちの活躍した時代というのは、こうした新しい状況が形成されてくる直前までの時期であったといえるでしょう。彼らの時代では、そうした教科書志向はありませんでした。何より、高度な専門書の勉強を通じて、その先に健全なる常識人、あるいは独立不羈《ふき》の教養人として自立していけるような人格形成を目指す教育が、まず考えられていたのです。ここで注意していただきたいことは、専門性の高度化には、同時に教養の豊かさが付随していかねばならないという認識があった点です。物理学の寺田寅彦（一八七八－一九三五）はエッセイストとしても秀逸な仕事を遺していますし、湯川秀樹（一九〇七－一九八一）は平和運動に積極的に関わり、痛苦の平和声明などを遺してきました。また、比較的最近でも、医学の飯島宗一（一九〇五－一九八一）のように洗練された歌集を遺した文化人は少なくありません。彼等を通して、私たちは専門教育と教養教育の蜜月の時代をたくましく受け止め、積極果敢に生き抜こうとした人物群像を垣間見ることができます。

しかしながら、経済成長や、それにともなう目まぐるしい社会の変容は、彼等を育んだような手間暇のかかる人材形成の方式を、次第に時代遅れのものとしていったのです。その一端は、戦後の大学制度改革の中に見て取ることができます。本来、大学における教養教育とは、将来の人生設計をより豊かにするために、人間考察と自己陶冶の素材をそれとなく注入しておくためのものでした。ところが、専門教育の充実が叫ばれ、教育の効率化が主張されるようになると、教養教育とは専門教育に進むための便宜的通過儀礼のように扱われ始めたのです。

† 教養としての歴史認識の変質

そうした発想の逆転が生じた時期は、折から日本の大学進学率が急上昇していく時期と重なっていました。こうした時代の影響をもっとも不幸な形で受け止めるしかなかったのが、歴史学を中心とした社会科学の分野だったかもしれません。史的分析というのは、過去の人生から自分自身の生き方についての教訓や課題を受けとめたり、王朝や国家の盛衰から自分たちの関わる社会の特性や問題点をつかみ出したりするための、素材を豊富に提供してくれるものです。端的に言うなら、社会認識を豊かにするための素材をつかみ出す訓練の場だったものと言えます。とりわけ大切なことは、資料の使い方や出所によって、歴史的事象の意味や社会的機能が変わって見える、という対象認識の難しさと奥深さを教わるところにあったはずです。ところが、中等教育機関における社会や歴史の授業が、受験のための科目となり、その受験競争が激化してくると、その教育的意味は大きく変わっていきました。それは社会認識の鍛錬の手段ではなく、社会や歴史上のおびただしい事項の単なる暗記の領域に置き換えられていったように見えるのです。

このため専門的な歴史研究の場合を例として取り上げますと、例外はあるにせよ、研究の力点が圧倒的に過去の事実の解釈や確認に置かれるようになっていったのです。資料の発掘や発見が重視されるようになることは貴重なことです。しかし、そこにばかり重点が置かれることで、それと向き合っているはずの現代の人間や制度について模索するための概念整理や分析枠組みについての議論は、次第になされなくなっていったのです。それどころか、暗記事項の羅列にうんざりしている若い世代に、読み下すのも難しい過去の文面を唐突に差し出して、それを読みこなすことが歴史研究だといった横暴な授業風景まで見かけられるようになったのです。こうなると、もはや歴史教育というより、単なる知的いじめの領域に近くなってしまいます。

こうした歴史教育や社会教育が続いた結果、日本社会の個性や問題点についてほとんど何も語れない日本人が大量に登場するようになってきました。自分たちの社会の将来的な課題について考えることもなく、ただ日本人というだけの理由でこの国に頼られたら、それこそ社会的コストを積み増しているようなものです。それだけでなく、国際化にともなって出かけた諸国で、その土地や社会についての的確な指摘も質問もできない人材が増えました。自分たちの人生と社会について真剣に考えようとしない人間が、他人の社会の内面的な特性について興味をもつ道理はありません。第三者から見るなら、義務的なことは要領よくこなすものの、総じて傲慢かつ権威的なくせに、専門知識以外のことについては無関心で、無感動で、無気力な「変な日本人」を見かけることが珍しくなくなってきたのです。海外でよく耳にする「仕事の話と、ゴルフのことしか話せない日本人」という指摘は、このような知的危機状況を表わしています。

ここでは、歴史教育を南原繁たちの時代に引き戻すよう訴えることが主眼ではありません。また、最近の保守主義者のように、日本教職員組合（日教組）による偏向教育が、このような特異な状況を生み出したと強調するつもりもありません。もはや圧倒的に少数派になってしまった一部の教師たちに教育現場の責任を押し付けるのは、それこそ教育行政の放棄と言うべきです。また、一部の「左翼的」知識人の弾劾するように、文部省による中央集権的規制がこのような事態を引き起こしているとも思えません。教室での説明は、単なる素材にすぎません。教育とは教師と生徒が一対一で向き合った瞬間に生じるのです。そこには、国家や諸制度の介在する余地はありません。現場での生身の人間としての魅力がすべてなのです。優れた教育者とは、生徒や学生たちと、一瞬のうちに同じ目線に立ち、そこでの人間的な課題を引き出そうと努力する人たちのことなのです。

†　教養の感性的基底

発達心理学の開拓者であるジャン・ピアジェ（一八九六－一九八〇）も指摘するように、人間は常に一歩ずつしか前進できません。それも、幼児期であればあるほど、特別の配慮が必要です。欧米で、世界的な著名大学のような特異な世界にいますと、明快な目的意識をもった学生たちとの真剣勝負の日々が続きます。相手の人間的な課題よりは、まずその学問的課題の処理が重要なのです。でも、それだけを受け止めていればすむのです。人間的にはすでにかなり鍛え上げられていますので、かなり手厳しい批判でも大丈夫なのです。ですから、知的なレベルの高さはともかく、人間的には楽なのです。それに比べますと、自分の関わっている児童や生徒にとって、成長の次の一歩がどこにあるのか、ということを几帳面に把握しようとしている保育士さんや初等教育の先生方を見ていると、本当に頭が下がります。子供たちの人生にとっての次の一歩は、どのようなものになるのかすぐには判断できないからです。それは人間としての触れ合いと苦悩の中から紡ぎ出していくしかありません。そうした努力を惜しまない日本人が少なくなってきたことが問題なのです。あるいは、そうした事態にすら気づかない日本人が増えてきたほうが問題だと言ってもよいかと思います。日教組や文科省に元凶を見出すだけの見解など、そうした空洞化の典型事例みたいなものです。

分かっていることは、南原繁や矢内原忠雄の時代には、大学人でも悩める学生たちに見事な箴言《しんげん》を贈ることができたし、また実に筆まめでもあったという事実です。大学生なら、一言でもすみますが、小学生ならそうはいかないでしょう。初等教育についての検討はここでの課題ではありませんが、大学について指摘するなら、人生の転機にある学生に、決定的な一言を贈れるかどうかの分水嶺を決めたのは、彼らの場合、教養とか常識だとか言われてきたものだったと思います。瞬時に「空気を読む」ことのできる達人だったと言うこともできます。

それに比べて、現代の大学人の場合、その専門的な知識ははるかに進んでいます。また、現代の業績評価システムにおける専門論文の業績点数は、ずっと高いものになっているでしょう。また、数字で表現される業績評価のシステム改良の技量においても、一九六〇年代以前の大学人とは比較にならない程度まで進んできています。ただ、不思議なほどに、形式論理を超えた領域については、それぞれの感性がなんとも鈍ってきているのを感じることがあります。つまり、「空気を読む」能力が育っていない。あるいは異質の人格についての評価能力や、感性的次元での把握がまるでできていない。そうした大学人が増えてきていると感じるのです。感性的な認識能力が乏しい論理的把握能力など、単なる形式論理か厚顔なタテマエ論にすぎません。自分で自分の論理に縛られるようになったら、学問も似非宗教も大した違いはありません。このような状況が生まれるはるか以前に、大学人が専門職能者として十分な機能を発揮できる必要条件について、南原繁たちは核心をついた指摘を、彼らの人生を通じて伝えようとしていたように思うのです。

† 個人と国家の中間項

ここでは触れませんが、矢内原忠雄が個人の人格形成について問題にする時には、国家と信仰という大きな課題を意識していました。それに対して、南原繁の場合には、常に大学と国家というものが問題になっています。彼にとっては、大学といってもほとんど東京帝国大学（のちの東京大学）だけが意識されていますので、それは限りなく国家機関の一部とも言えるのですが、それ以外に、彼の社会認識の手がかりになるものはなかったのか、ずっと気がかりでした。それと言うのも、第二次世界大戦を批判したりする場合に、多くの知識人が大日本帝国という国家の選択の誤りについてだけ批判することに、やや危なっかしいものを感じてきたからです。

人類愛を見事に説明していても、隣人には横暴なほどに無神経な人は少なくありません。国家の犯罪を追及しながらも、自身の人間的な余裕がまるで乏しい人もいます。「天皇制国家」の家父長的性格を批判しながら、家族に対してはずいぶんと「家父長的」で、他人の前では自分たちの家系の古さばかり強調する古色蒼然たる大先生にも幾人かお目にかかってきました。ですから、国家を語るにしても、家族とか地域組織とかといった、もっと中間的な社会制度についての彼の見解がどうなっているのか知りたかったのです。

†人間関係の密度

すでに紹介しましたように、南原繁は個人的なことはほとんど語っていません。周辺の人たちの記録などで、ある程度のことは分かりますが、家族のことについては月並みなことしか伝わっていません。だからといって、彼の国家観からだけで、社会認識の全体を類推することは、やや図式的過ぎるでしょう。しかし、彼の学問論の中からでは、どうしても大学の役割や、国家のあるべき姿しか浮かび上がってこないのです。

ただ、個人的な経験で恐縮なのですが、私の学生時代に、彼は高齢であるにもかかわらず、県人会の活動にきわめて熱心だったことを思い出したのです。そこで彼の出身地である香川県の東部地域で、彼のことに関する資料収集と聞き取りを行なってきました。彼の出身地は相生村（現在の東かがわ市）ですが、そこの図書館や、彼の通った大川中学（当初は高松中学大川分校、現在は香川県立三本松高校）の記念資料室には彼の事績に関する資料類が今でも遺されています。ただ、著作集や碑文などの紹介が中心で、それほど目立った資料は遺されていません。それでも、彼の時代の関係者や、その縁者の方々の消息をうかがうことができ、そうした人びとからの話を聞くことができました。もっとも、こうした触れ合いの機会を得ることができたのは一九九〇年代までのことです。残念ながら、現在では世話になったほとんどの方々が鬼籍に入られてしまいました。

一九六〇年代には、すでに高齢であったにもかかわらず、東京における香川県人会の運営に心を砕いていたことは上述の通りですが、その際に、実に多くの地元の方々の消息を把握していることに驚かされたものです。小学校や中学校時代の恩師筋、その家族のこと、地元のさまざまな企業家とのつきあい、医師や消防団員、警察官、そして町村レベルの役人や政治家たちといったふうに、ほとんど郷里の家並みの一軒一軒を知り尽くしているかのような付き合いの広さには、呆れるほどの実体感がありました。そればかりか、どこの家並みの脇にどのような樹が生えていたはずだとか、どこの山並みの稜線には感激させられたとか、どの山から見下ろした海岸線が素晴らしいとか、地元の人間でもほとんど説明のできない細やかさでした。

彼の出身地で歩き回るうちに、いくつかの事実を確認できました。母子家庭で育った彼は、早朝に起きだして母親の仕事の手伝いをしてから一四キロメートルほど離れた中学校まで徒歩で通学していたのです。宿題はほとんど学校での合間をみてすませてしまい、また同じ道を歩いて帰宅していたようです。帰宅後も母親の作業を手伝っていたとのことです。時間を惜しんでの通学ですから、ほとんど走るような往復を繰り返していたものと思うのですが、その通学の途中の山並みや街並みや樹木の記憶が、いくつかの書簡に残されていたのです。中には、鳴門市から相生村に抜ける峠越えの話がありますが、東京からの帰省に、大阪から鳴門に船で渡り、そこから徒歩で二〇キロ余りの急峻な山道を進んだと分かった時には（当時には、現在のような海岸沿いの道路ができていなかったようです）、その脚力というより人生への気迫に驚かされました。そのような生活であっても、郷里の自然が実に鮮やかに描かれているのです。それこそ、美しさがこぼれてきそうな表現に溢れています。慌ただしい日常生活のはざまでも、そうした余裕をもちあわせていたのですから、人びととの付き合いについては、これはもう濃密と言うしかありませんでした。東京帝国大学法学部教授さらには東大総長まで勤めながら、郷里に帰ると、実に多くの人間との付き合いをこなしているのです。そればかりか、地元の医師会、教師会さらには消防団の集まりにまで顔を出し、ちょっとした講話すら引き受けているのです。とくに小学校時代の恩師との人間的紐帯《ちゅうたい》の強さについては、彼自身の随筆や回想録にも幾度か書かれています。

話を聞いていて、ふと思い当った事実があります。限られた時間で、呆れるほどに広い付き合いというのは、常識的に不可能です。おそらく、個別の付き合いは、ほんのわずかな時間であったに相違ありません。ただ、その瞬間がおそらく実に濃密で、彼を受け入れた人びとの側にそれだけ強烈な印象を残していったに相違ないのです。

そうした印象は、彼が若い時代に内務省の役人として富山県射水郡の郡長に赴任していた時代の記録からも感じ取ることができます。それについては『富山縣射水郡誌』が富山県立図書館に残されていますので、それを参照していただきたいと思います。それを見れば分かることですが、ほんの二年足らずの短い赴任期間に、彼は実に多くの課題をこなしているのです。郡役所は大正の末に廃止されますが、それまでは県庁と市町村役場をつなぐ調整機能を担い、日本の工業化や地域活性化の拠点として機能し続けた地方機関です。日常業務は決して少なくなかったと思います。ところが、その一方で、彼は所管する十四町村の道路工事、港湾や橋梁《きょうりょう》ならびに水路の整備、実業学校の創設、地域の共同利用施設の拡充といったように、壮絶なほどの作業課題をこなしているのです。それらは、現代風に言えば「箱もの行政」に近いものです。ただ、現在の行政風景と決定的に異なっていることは、それらを進めるにあたって、地元の町村の名望家だけでなく、教師、医師、警察署員、消防団員や青年団員などと徹底的に話し込み、時には寝食を共にしながら、課題をこなしていたことです。また、こうした活動の一方で、医師や教師などのおびただしい地域組織での講演活動なども引き受けていますす。とくに青年組織との接触を通じて、できあがった制度をどのように運用し機能させていくのかについて、周到な議論を重ねているのです。こうして、在任中の彼は、ほとんど休日のない生活を続け、地域住民の深い惜別の情を受けながら、その地を去っていることが、記録からうかがえます。

† 南原的地平から見た現代の状況

こうした事績を追いながら、いくつかの事実に気づかされました。それらは、現代の多くの高級官僚や大学教授たち（すべてとは言いません！）とはあまりに違っていますので、ここで五点ほどに整理して、指摘しておきたいのです。

① まず、彼だけには限らないことは別の府県での資料からも散見できますが、彼の場合も、課題を見出すためには自分自身で走り回っているのです。要望の申請を待っていて、それをデスク・ワークで書類上の審査をするのではなく、自身で直接現場に行き、そこで見つけた課題に

ついての提案と説得を試みているのです。

②　また、方針の決定の前に、現地の関係者との綿密な詰めを行なっていることに注目しておく必要があります。それも地域の長老だけでなく、青年層の協力や理解が必要とみれば、彼らの中にも入ってともに考えようという姿勢が見られます。

③　さらに、現地で各層と協力しようという時に、彼は泊まり込みも厭《いと》わず、その土地の人びとと同じような生活をしながら方針の決定や作業の推進に携わっているのです。もちろん、東京から来た少壮のエリート官僚ですから、地方の人びとが気を使ったことは容易に想像できます。それでも特別扱いを断わっていることが確認できるのです。

④　行政課題の現場に密着した生活を送りながら、その一方で、彼は多くの講演や講話を引き受けているのですが、それらは基本的に手弁当での活動として行なわれているのです。

⑤　そして最後に、これは伝聞推量ですが、彼はこうした多忙な生活の間でも、離れて暮らす家族のことを絶えず思いやっていたのです。彼の筆まめさと感性豊な文章はよく知られていますが、それは家族に対しても同様だったと思われるのです。

このように、最近のわが国の状況とはかなり異質の人間的触れ合いが維持されていたのです。外部で準備された会議に出席しても、形式的な挨拶だけ終えて早々に立ち去る高級官僚、つきなみな綺麗ごとの経済概況を説明するだけで高額の謝礼を欲しがる大学教授、世話になる担当機関の職員を顎《あご》で使いながら、切り紙細工のような報告書を提出して報酬を要求する研究者、その他、呆れるほどの現代的事例を見てきました。それだけに、彼のこうした振る舞いの記録には清々しいものを感じてしまいます。

現代の日本経済は、多くの困難と矛盾を抱えています。立ち行かなくなる営業や産業も増えています。にもかかわらず、依然としてかなりの国際競争力を残し、日本国内でのしたたかな経営を維持している事例も少なくはありません。そうした職場で、よく耳にする「現場主義」とか「(現地、現物、現実といった)三現主義」というスローガンの実体ときわめてよく似た行動様式を、彼の生活から見て取ることができるのです。

このことで、日本における現場主義的伝統がエリート官僚の行動様式から生まれたなどと考えるつもりはありません。類似の行動様式を明治期の地方実業教育の担い手の中から探し出すこともできます。日本に存在しなかった産業を、ともかくも立ち上げようとして、懸命の努力を惜しまなかった人物群像からも探し出すこともできます。江戸時代についても、似たような事例を探し出すことはできます。ただ、日本のような無資源で人口稠密《ちゅうみつ》な国の民衆が、生き延びていく上での一つの解が、このような生きざまと姿勢のうちに形成されていたと思えるのです。

天与の資源に恵まれ、自国の豊富な低賃金労働を酷使することが当然のように許された国なら、瞬時に圧倒的な富を一部に積み上げることは容易です。資源にも恵まれ、人権も擁護されている国でなら、もっと洗練された成長の方式や地域遺産の蓄積を模索することも可能です。しかし、そうした選択はこの国の国内ではきわめて困難でした。とりわけ、第二次世界大戦以前の日本社会は、多くの制約条件に規制されていたのです（それらのことについて本書で説明する余裕はありません）。条件に恵まれないままに、工業化に成功し、社会の高度化を推進し、それを維持しながらさらに次の高みを目指そうとするなら、どの程度の覚悟が必要なのかについて考え直す素材を、ここから汲み取れないでしょうか。

このような行為が、地元の人びとに与えたインパクトが多分に強烈だったことは十分に想像できます。富山県の資料によれば、現在でも彼は「富山県の偉人」として評価されています。ただ、彼がこの土地に滞在したのは、二十七歳の時からの二年足らずの期間でしかなかったのです。たったそれだけの短い時間のうちに、彼がこの地方の人びとに印した人としての気概と魅力の大きさが伝わってくるような気がします。

† 学問の分業化と中間領域

ところで、現代的なアカデミズムの立場からしますと、彼のこのような行動というのは、実のところなんとも「社会科学者泣かせ」なことなのです。個別の行動には輝きがありますし、成果についても見るべきものが多いのです。でも、それを、現代社会科学のいずれの領域でどのように扱うべきなのかということになりますと、まるで見当がつきません。

とりわけ、経済学の分野では、ほとんど対象外の世界になってしまうのです。地域開発論としてなら扱えそうですが、最近の地域開発論というのは、ＥＵとか東アジア経済圏とかの大きな枠組みへの関心がますます強くなっていて、北陸地域の一部の富山県、そのまたほんの一部の射水郡となりますと、もうほとんど問題外のこととして無視されかねない状態です。地域経済論で扱うにも、一部に農業関連の話が出てくる程度では、経済分析の対象にはならないと考えられてしまうでしょう。

学問の分業化が進み、それぞれの縄張りがしっかりしてくることは、一つの進歩です。ただし、そのことで経済成長の測定技術は向上し、変数と変数の因果関係の説明は高度化してきても、成長の人格的背景や社会的要因についての分析領域は次第に無視されてきたのです。成長が続いているのだから、その具体的なメカニズムを研究すればよい、という研究動向が優勢になってきたのです。しかも、各学問領域の内部で明快な決着がついているわけでもありませんから、どうしても関心がそちらでの正統性の争いに向かってしまうのです。このような状況が続いてきましたので、社会的条件の悪い状態から立ち上げていく人間的努力や要素についての関心など、時代遅れのテーマにすぎないとみなされてきたのです。底辺の制度設計や個人的価値観などは、あまり大きな要素にはならず、成長の定性的枠組みや産業の基礎的構造にそれほど大きな変化が生じると考える必要などはない、と考える研究スタイルが蔓延していったのです。

もっとも、どのような世界にも、例外的な見解や研究というものはあります。経済学の領域でも、数十年や数世紀単位で経済の枠組みが大きく変わることに注目し、経済関係においても家族制度を含めた人間関係や宗教を含めた価値観などの作用する領域が決定的な役割を果たす場合がある、とする研究は存在しています。しかしながら、そのような研究の枠組みをもってしても、香川県大川郡や富山県射水郡における事例は、どこにもうまく当てはまるものではないのです。彼らによって多くの努力がなされていたにせよ、地域制度が決定的に変わったようではありません。真剣さにおいて際立っていたにしても、地域の価値観が何か新しいものに置き換えられたのでもありません。しかしながら、特定の地域で、ある熱気が生じ、そのことで現実の困難に少しずつでも立ち向かう姿勢と人びとの協力関係や共同労働が堅実に担われようとしていたことは確かです。

この節では、「個人」と「国家」という社会科学にとってのもっとも基本的な概念の後ろに、「ふるさと」といういささか情緒的な中間領域を付け加えて考えようとしています。そうしたのは、ただ、そこから現代の社会科学のありようや、社会の変容にともなう人間的課題について考えるきっかけをつかみ出すことができるように思われたからです。ただ、言うまでもなく、これでは学術的な専門論文にはなりません。

ここでは触れられませんでしたが、矢内原忠雄の場合は、経済や国家の長期的な枠組みの変更には、価値観とりわけ宗教的な倫理観の果たす役割をきわめて重視していました。倫理性の内容に違いがあるにせよ、そうした発想は新渡戸稲造（一八六二 - 一九三三）についても認められます。南原繁の場合も、そのような内面的規範の意味を感じていたことは事実ですが、そのことを直接に他者に求めることはありませんでした。

自己の生き方から、日本社会そのものに関わっていく者の姿勢を求めようとした彼にとっては、ある地域内部で、果敢な努力が蓄積されていくことに、一つの可能性を見出そうとしていたように思えるのです。ですから、彼にとっては富山県の一部や香川県の一部だけでなく、大学もまた一つの「ふるさと」だったのかも知れません。言い換えるなら、国家と個人の間に、多様な中間領域があって、そこでの生き方を豊かにすること抜きには、個人の個人としての成長はあり得ないと考えていたように見受けられるのです。ただ、彼の枠組みの中では、経済という領域は正面切って扱われてはいません。そのことを意識しつつ、次に現代の経済学や日本経済の動向を見ながら、これからの日本社会を考える枠組みについて検討することにしたいと思います。

3　現代経済学の諸潮流

現代の経済学は、圧倒的にアメリカで形成され、そこから新たなものが絶えず発信されてきました。

最近の日本では、アメリカでの最新の動向をいかに迅速に入手して紹介できるかで、学者としての能力が測られているような雰囲気すら見られます。そうした状況が生まれてきた背景について紹介しながら、それとは別の潮流がどのように形成され機能しているのかについて、以下では簡単に説明しておきたいと思います。

†　現代経済学の主潮流

現代経済学で主流派と呼ばれている中心的な流れは、一九五〇年代以降になって急速に存在感を増してきたアメリカの「新古典派経済学」によって構成されています。それはシカゴ大学を中心として発展してきましたので、俗に「シカゴ学派」とも呼ばれています。ただ、この新古典派経済学と呼ばれる発想や学問的構成は、本来はヨーロッパのケンブリッジやウィーン、そしてローザンヌといった大学で十九世紀の後半から形成されてきたものでした。ヨーロッパ的な概念構成と、そのための論理的前提をしっかりと踏まえ、現実との距離をおきながら慎重に議論を積み上げる伝統的学問スタイルに裏打ちされていました。

こうした学問スタイルが、アメリカで開花してくる過程で、その内容は大きく変わることになりました。もっとも、わが国においては、「新古典派総合」という方法論的なコンセプトが拡張解釈され、そのまま「近代経済学」という一種の集合概念として定着したままとなっています。そのことで、実体が大きく変質した状況が続いているのですが、そのことは日本ではあまり問われないようです。

ただ、こうした知的姿勢は、欧米の社会では通じないのです。それればかりか、典雅なる顰蹙《ひんしゅく》を買うだけのことになりかねないのです。つまるところ、日本的な「近代経済学主義」の発想とは、アメリカ化した現代新古典派経済学の流れの中に安住しきった発想でしかないと、アメリカ人からも指摘されかねないのです。日本に蔓延してきたそうした「主流派」意識は、シカゴ学派のいくつかの系譜の中でも、とくに「市場」なるものの機能に対する信頼度を極度に高く置く特異な発想を拠り所としているのです。

そこでは、人間の社会的行動を「損」か「得」か、といった判断基準だけで割り切ろうとする姿勢が顕著です。そのためには、仲間への思いやりや配慮も見事に無視した行為が、分かりやすい事例として紹介されています。司法取引の不断に行なわれる社会の犯罪者の心理を取り上げる事例は、損得勘定を直截《ちょくせつ》に人間行動の普遍的説明原理とする現代アメリカの典型的な事例です。ところが、それがそのまま日本の大学で教えられていたりするのです。しかも、この種の話題が、おびただしい教科書の導入部で同じように利用されているのです。社会的条件の違いを無視し、人間の判断基準を損得関係だけに「純化」させようとすることが間違っているとは言えません。人びとの移動が激しく、言葉も通じにくい多民族社会で、競争が激烈に行なわれている環境では、そのような基準も必要でしょう。ただ、それが優れていると信じるなら、日本社会の雇用契約についても、現在のプロ野球選手と同じような契約制度に全面的に置き換えていくのが妥当だということになります。もっとも、日本社会で蔓延し始めている非正規雇用の拡大は、そうした動きの一環とも見ることができます。でも、それに批判的な意見や社会もあるのです。

†アメリカ的市場経済の拡大

言うまでもなく、主流派エコノミストたちの発想の最大の特性は、市場の合理性への強い信頼にあります。そのために反対派からは「市場原理主義」とも呼ばれているのです。そして、一九八〇年代までの代表的な経済学の教科書においては、次のようなことを立論の前提にしていました。

①　現代経済学は近代科学の一領域である。

②　経済学的諸要素は数学的な変数として扱うことができる。

③　数学的な変数として扱うことで、私たちは経済的な諸現象を科学的に解明し、操作対象として扱うことができるようになる。

④　経済学的変数は、政治的な変数や、その他諸々の社会的、文化的変数から「独立」したものとして扱うことができる。

ここでは、主流派エコノミストたちの言う「現代」や「近代」の意味については詮索しないことにしておきます。彼らの中でも意見が分かれているか、まるで検討されていないことが多いからです。そこで、差し当たり、最後の第四点についてだけ注目しておきたいのです。

もちろん、こうした判断が、学問的考察のための差し当たりの方法的な前提として語られる場合は、何の問題もありません。どのような学問においても、考察の対象を厳密に限定しておくことは不可欠の準備作業なのです。また、それ抜きには厚かましい流出論にしかならないからです。新古典派経済学においても、その開拓者たちの時代は、そのことを鮮明に認識していました。このことは前述したマーシャルの『経済学原理』の序文にも明快に語られていることです。

しかしながら、二十世紀におけるアメリカの経済的な成功と、資源エネルギー多消費型の市民生活の様式の拡大は、前記の第四仮説をあたかも普遍的な絶対命題であるかのように受け取る生活感覚を蔓延させることになってしまったのです。アメリカ的な市場経済こそが世界の普遍的方式となるはずだし、それによってこそ世界の平和と繁栄が維持できるといった、「パックス・アメリカーナ」の発想が、やがて西欧や日本にも急激に拡大していったのです。

ただ、アメリカの経済システムというものも、常に野放図な自由が保障されていたのではありませんでした。とくに二十世紀の初期に経済成長と消費の拡大が爆発的に進み、その後で世界恐慌という厳しい反動が来た時には、大統領となったフランクリン・ルーズベルト（一八八二―一九四五、大統領在任期間は一九三三－一九四五）を中心に、金融部門に対して厳しい規制を課し、自然環境についても抜本的な保護策を講じたのです。しかし、人間というのは、失敗体験よりは成功体験により憧れるものです。第二次世界大戦の勝利によって世界の富を一手に握ったかのように見えたアメリカでは、規制の撤廃こそが経済の一層の成長を保証するものとなると考える見解が次第に優勢となっていきました。それをもっとも強硬に主張したのは共和党の政権でした。ところが、自由化を至上視する意見が強まると、民主党政権もまた、それに同調するようになっていったのです。

本来、自由競争には特別の意味が込められていました。アダム・スミス（一七二三－一七九〇）は、自由な競争によってもたらされる市場の調整機能について語るとき、有名な「神の見えざる手」という言葉を使いました。アメリカ流の新古典派経済学者たちは、この一言をもって、自由奔放な振る舞いが許されたと理解しているように見えます。しかし、アダム・スミスにとっては、市場が一定の均衡を保つには、神を信じるほどに謙虚で内面的な規範力をもちあわせた人間たちが市場の担い手として振る舞うなら、という意味が込められていたのです。

この点で、近代的市場と前近代的市場は決定的に異なっているのです。単なる市場でしたら、歴史の曙の時代と同じ程度に古くから存在していました。そこでは、市場への参加者が自由勝手に振る舞い、ほとんど詐欺瞞着《まんちゃく》の横行する世界だったのです。しかしながら、第二次世界大戦の後の世界では、社会主義という資本主義への対抗勢力が拡大したことと、アメリカの繁栄が拡大して理解されたことから、市場を考える上での謙虚な人間的視点が見事に忘れ去られていったのです。

悪いことに、こうした軽挙な理解は、多くの新興工業国にも、見事に浸透していくことになりました。アメリカの大衆市場を利用することで、工業化のスピードを速めることができたことは、新興国にとっては大きな魅力でした。こうした戦術の先鞭をつけたのは、日本だったと言うこともできます。

アメリカは「自由化」を世界に要求することで、自身の工業生産力を急速に失うことになります。そのテンポはアメリカ人の予想を超えるほどのものとなりましたが、それでもアメリカにとって得られるものの方がずっと大きいと考えられていました。それは圧倒的に競争力のある農業部門と、世界にネットワークを広げることで、格段の利益が得られそうな強靭な金融部門と情報サービス部門を擁していたからです。しかし、多くの国では、そのような思惑には無頓着なままに、多くの国がアメリカの政策を受け入れ、同時にアメリカ流の経済学の発想を学ぼうとするようになっていったのです。

断わっておかねばなりませんが、アメリカという国は多様な異質性を受け入れてきました。それらの独自性を認めることでアメリカの民主制の原点が絶えず強化されてきたのです。ところが、あまりにアメリカの存在感と繁栄が見事に見えたことから、特定の市場と、それに関わる特定の発想だけが、世界の各地で受け入れられていったのです。アジアの多くの地域においても、それぞれの固有の価値観や美意識がありながら、こうした「擬似近代」的な価値観が、広汎に受け入れられるところとなっていったのです。

†領域認識と社会科学

もっとも、二〇〇八年にアメリカの住宅バブルがはじけ、リーマン・ショックにともなう世界金融危機が生じたことで、黄金色に輝いて見えたアメリカ経済も金メッキが剥がれたような事態になってきました。そのことが多くの人びとにも明らかになったものの、主流派の経済学者たちの世界では、意見の修正を考えるところにまでは行っていないようです。ただ、前に述べましたように、アメリカという国は見解の多様性を常に重んじる伝統をもちあわせています。このためもあって、アメリカ経済の絶頂期にあっても、その問題点を指摘するケネス・ガルブレイス（一九〇八－）のような経済学の流れはありましたし、さすがに主流派経済学者の中にも、二十世紀末になると「市場と国家」あるいは「経済と政治」の好ましい連携を考慮する必要を訴え始める者が出てきていたのです。

西欧の一部では、政府ないし公的部門の市場問題への関与の必要性は十九世紀後半から取り上げられてきました。それ以降、市場とその周辺部の関連についての考察や検討は、社会科学にとっての大きな課題になってきたのです。しかし、経済の圧倒的な成長力と優位性を確信しきっていた主流派経済学では、それは「市場の失敗」といったものを繕うための緊急措置的特殊領域として理解されるに留まっていました。

つまり、アメリカの新古典派経済学の見解では、市場理論という巨大な位相の一部に、例外的に

「政治」(あるいは「国家」)に関わる領域が形成されるものの、それは例外的な事象として扱われるに過ぎなかったのです。それは巨大な円か楕円を描いて、その内部のどこかに小さな円か楕円を描いて、そこはやや異質の「市場の失敗」領域として扱えばいいといったふうに理解されていたと考えることができます(図1)。ただ、常識的には「政治」も「文化」も、それぞれに「独立した変数」として理解する立場であったこと、より正確には、経済の領域と政治の領域がやや重なっており、その他の社会的要因や文化的要素(ここではまとめて「社会」的な事象としておくことにする)は、どこかかけ離れた領域に置かれた構図を考えておけばよいとみなされていました(図2)。

この原理主義的発想は、実は当時の冷戦の相方であったソビエト型社会の裏返しであったと考えることもできるのです。こちらでは、政治的な「上部構造」が、「経済」のみならず、「文化」やその他諸々の社会的な諸要因(ここでも一括して「社会」としておくことにしましょう)を全面的に包摂するような構造になっていました(図3)。もっとも、大方周知のように、マルクス的な理解では、本来は三角形の底辺を構成する経済的な諸関係が、上部にある政治的な諸関係や文化的な諸関係を「規制する」ことになっていました。でも、スターリン型の社会主義においては、その経済の部分を政治で雁字搦《がんじがら》めにしていたのですから、ここでは素っ気なく、このような単純な図にして表現することもできるでしょう。

このような対蹠《たいしょ》的な理解があって、それぞれに「正当性」を主張しあっていたのが、二十世紀後半

図１　「原理主義」型の新古典派経済学者による領域認識

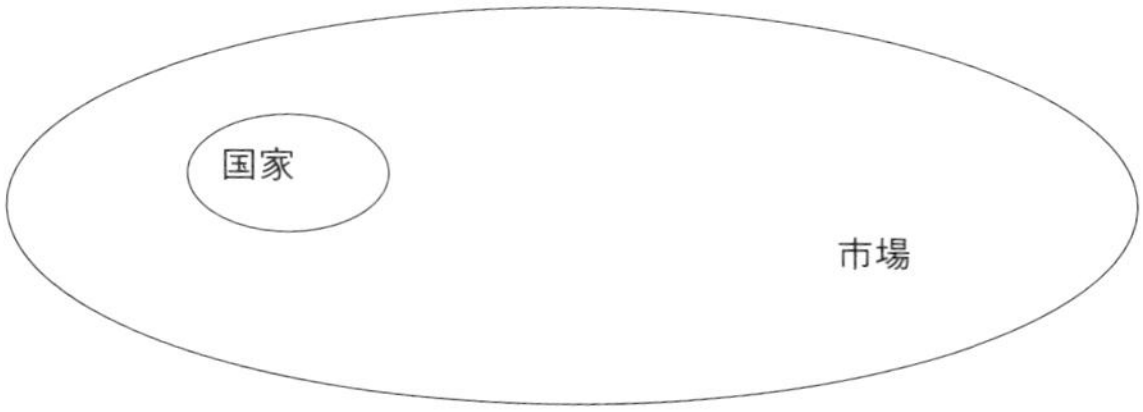

図２　新古典派経済学の一般的な社会科学の領域認識

図３　スターリン型社会主義的国家における社会科学の領域認識

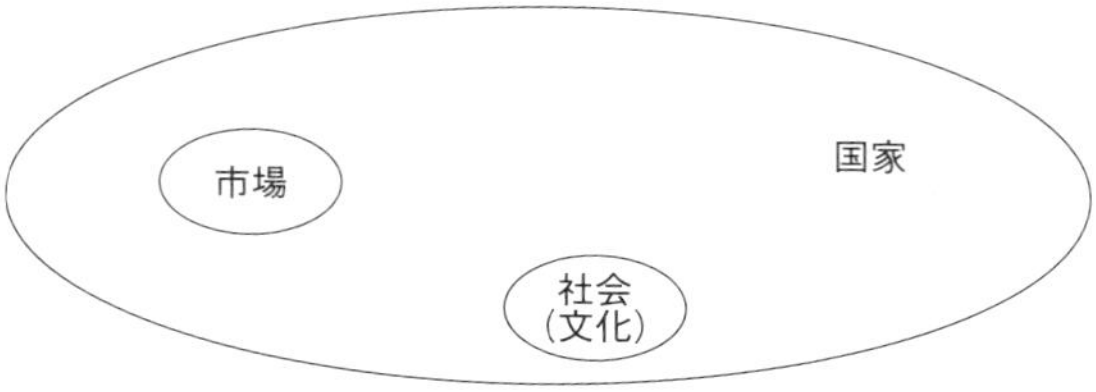

までの社会科学者たちの世界だったのです。それが論理的な水準を超えて、時として威嚇的であったり、ほとんど狂気を帯びたものにまでなったりしていたことは、スターリンによる粛清の歴史や、第二次世界大戦後のアメリカにおけるマッカーシズムの狂乱を想起すれば足ります。ここでは、そうした個別の内容に立ち入る余裕はありません。ここで問題にしたいことは、そうした時代においても、もっと異質の理解が存在していたし、それらから私たちが学ばなくてはならない立場というものも、実に多いのだという単純な事実なのです。

† 日本の近況と諸潮流

学問では、それぞれに制約された論理空間を、まず独自に設定しなくてはなりません。つまり、出発点では完璧な自由が求められています。しかしながら、設定された前提条件の範囲で、個々の課題を追究していくことを要請されているのです。こうした制約にもかかわらず、論理的に見事に新しい空間を創り出すことで、多くの評価を得ることになるのです。しかしながら、固有の論理空間を設定することで、俗にいう「専門領域」が形成されるだけでなく、その内部にのみ固執する閉鎖的人間集団を形成しやすいという、別の問題もはらんでいるのです。そのような問題があるにせよ、視角を限定的に定めることは、私たちがものごとを論理的に組み立てていこうとする場合の、基本的な前提条件だと弁《わきま》えておくしかないのです。

ところが、わが国においては、残念ながら、専門領域を互いに排他的な領分として設定し、あたかも治外法権が成立しているかのように考える知的雰囲気を脱しきれていないのです。そのことを指して、政治学者の丸山眞男（一九一四‐一九九六）は「タコツボ型」の知性と批判しています。ただ、蛸壺に入り込むことは悪いことではありません。それぞれの専門領域にまず邁進し、いつかその限界を超えようとする決意を内面に秘めているなら、それは見事な選択だと言うこともできるのです。しかし、そのことを通じて、個々人の人間的な限界をみずから突破しようとする生身の営みこそ評価されるべきなのだという認識が、まだこの国では十分に行きわたっていないように見えるのです。すでに前節で紹介しましたように、こうした事態を招いた背景には、わが国における「教養」の理解が、どこかで捻じ曲がってしまったことと関連しているのかも知れません。

ここでは、経済（あるいは市場）と政治（あるいは国家）という巨大な領域以外にも、膨大な社会科学的領域があって、それらと経済分析の領域とが、どのような関係になっているのかについて、大まかな構図を描いておきたいと思います。

西欧の一部には、経済や政治を論じる場合に、そこに人口論的な視点を加える立場とか、家族制度の視点から論じようとする立場とか、あるいは土地制度の実態から迫ろうとするものなど、実に多様な方法が存在し、そのようなアプローチの多様性に誇りを持っているような知的伝統が脈々と引き継がれてきました。ユネスコでも活躍したジャン・ピアジェ（一八九六‐一九八〇）の場合は、発達心理学から出発して、社会の発展についての考察までを試みた人物として知られています。それも人類史そのものに迫るような、構想の大きな分析を試み、そのことでユニセフの活動を鼓舞しようとしていました。また、レヴィ＝ストロース（一九〇八－二〇〇九）は、同じような課題に、文化人類学的な調査を通じて接近しようとしていました。このような人物たちを常に高く評価しようとするからこそ、ユネスコやユニセフの活動と、アメリカ政府の方針は、しばしば激しい対立と摩擦を引き起こしてきたのです。

そこで、差し当たりここでは、そのような、家族制度や、土地制度、あるいは文化論的特性や宗教的伝統、さらには歴史的な経緯や教育問題から多様なコミュニティー制度など、社会学者や人類学者、あるいは民俗学者や地域福祉の担当者までが取り組んできたようなおびただしい領域をひっくるめて、ここでは「市場」と「国家」とは相対的に自立した「社会」の領域として設定しておくことにしましょう。南原繁の関わった「ふるさと」のさまざまな領域も、ほとんどがここに含まれると考えてよいでしょう。随分と荒っぽい処理をさせていただきますが、説明上の便法としてお許し願うことにします。

✝ 境界認識をめぐる西欧とアジア

ピアジェやレヴィ＝ストロースたちからすれば、こうした三つの領域は相対的には独立しているに

図4　西欧社会に多い社会科学者の境界認識

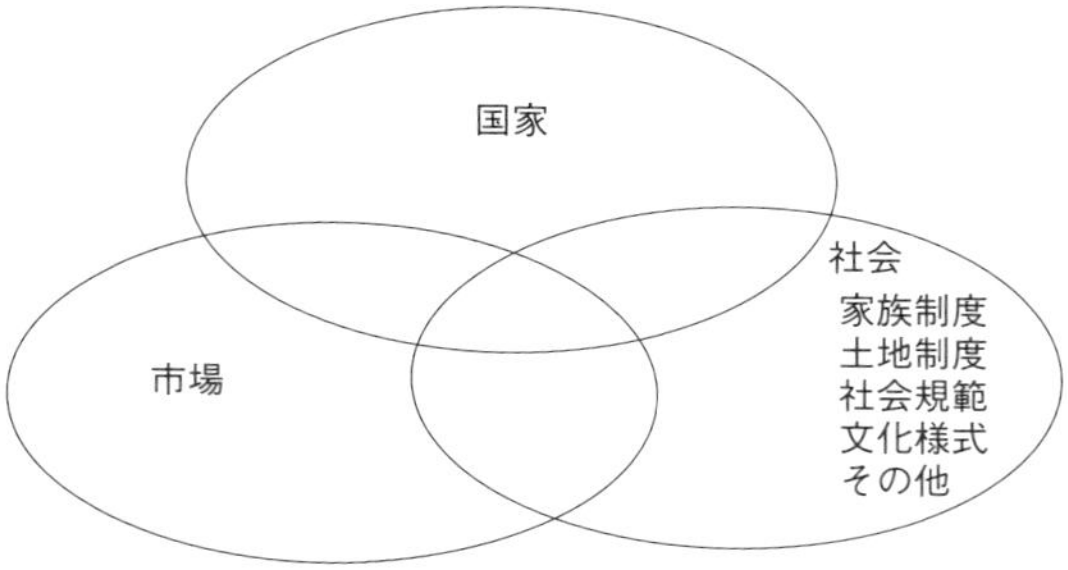

（注）ここでは，構造主義，制度学派，人文主義，ユング学派，などの諸潮流を含めて捉えている。

せよ、同時に相互に関連しあう関係として捉えているのです（図4）。また、それだけでなく、状況に応じて、相互に重複する領域が拡大したり縮小したりすることもあるのだと理解しているのです。言うまでもないことですが、ここでの「社会」の内部でも、さまざまな領域が、相互に重なり合ったり乖離したりして、複雑な動きをしていると考えておかねばならないのです。そうした状況に対する検討も、現代社会科学においては、重要な分析課題となっているのです。ただ、そのこと自体に立ち入ることは、ここではできません。そのことは差し当たりご寛恕《かんじょ》願うしかありません。

ついでながら、人間というのは複雑なもので、この図4のような構図を前にしながらでも、まったく異質の理解を示す場合がありうるのです。というのも、このような構図を示された瞬間に、自分たちの専門領域の拡大を目指してしきりと強硬論を述べる人もいれば、逆により厳密な論理を立てて、境界領域をより明確にしようとすることにのみ専心する人たちも出てくるのです。小さな岩礁や島の帰属をめぐって、軍艦が派遣されたり発砲したりする事件も起きる時代ですから、ともかく境界ははっきりさせなくてはならないという気分が働くのかもしれません。しかし、こうした区分に対して、それは個々人の人間的な成長を図るための見取り図でしかないとする見解も、一方には厳然として存在するのです。専門領域の違いを軽視し、異質の論理を安易に組み合わせたり、安直な飛躍を繰り返したりすることは慎まねばなりません。しかし、人格的成長を試みるということは、「狭き門より入れ」という人間的な課題に向かっての最初の一歩だということも忘れるべきではないのです。

本書においても、「国家」と「市場」と「社会」の関わりの中から、改めて経済学の課題を考えたいとする参加者の基本姿勢は共通しています。つまり、経済学的変数は社会的変数や文化的変数から常に独立したものと考えるのではなく、それらの関わりが否定しきれない部分のあることを意識しながら、新たな経済学の課題が生じていると考えているのです。

とりわけ、アジア社会では、このことについての配慮が不可欠だと考えてきました。西欧世界の一部では前期的遺制と旧慣を一蹴し、ドラスティックな近代社会の形成に成功しました。ただ、あのような鮮烈な社会変容とは、技術や所有関係や宗教的な規範、あるいは財政破綻などといった、政治と経済と諸々の社会的要因がほとんど連続的かつ波及的に変容した場合にのみ成立したものだったと考えられるのです。だからこそ、そのように進められない社会における社会変容については、その実体をまずそのまま丸ごと把握したいという気持ちが働くのです。
「狭き門より入れ」と叫びながら、同時に「丸ごと理解」などと要求するのは、まったく矛盾して聞こえます。そのことはアジア社会の分析には、政治分析も経済分析も社会分析も押しなべて必要だという意味ではないのです。ここでは、経済的変容の直接的契機が政治的選択による場合もあれば、国際関係のバランスによる場合もあるのです。また、多くの矛盾を内包していたにせよ、アジア社会では、多くの伝統と習俗を尊重しながら工業化社会への移行を進めてきたのです。そのような社会に、欧米方式の直截な適応を試みることには多くの無理があるということだけを意識しておきたいのです。

経済分析においても、政治的要因や社会的要因を配慮しながら分析の枠を広げていこうという見解の経済学者たちを、フランスでは「構造主義者」と呼んできました。そこでは、経済学や社会学といった区分よりは、知的関心と対象設定の共通性の方がより重視されているのです。ついでながら、同じような姿勢のエコノミストたちを、アメリカの一部では「制度学派経済学者」と呼ぶ場合があります。また、イギリスの一部大学では「ラディカル・エコノミスト」とも呼ばれています。日本では「何やらよう分からん連中」ということになるかも知れません。

日本における経済学の分野では、一時期のマルクス主義的な経済学の頑固なほどの図式は後退してきました。それでも、政治的変数を経済分析に加えることへの警戒心はまだまだ強いのです。また、文化論的視点を導入するには、まだまだ経済学の当事者の側で分析力に欠けている憾《うら》みがあるのです。

しかし、一九六〇年代以降の日本におけるアジア研究の領域では、綿密なフィールド調査を前提にしながら、堅実な成果が出されてきました。そのことは十分に評価されてよいでしょう。

†日本における学問の分業関係

さて、ここまでは政治と経済と社会という、いわば「文系」の学問領域の関わりについて見てきました。明治期以来、日本の大学では「文系」と「理系」という区分が用いられてきました。そのため、この両分野はお互いに異質の領域だという認識が一般的になっています。建築は理系の工学部に属するものと理解されてきましたし、心理学は文学部か教育学部に置かれるものと考えられてきました。しかし、イギリスの大学に滞在していた折に、建築の大学院生の知識が足りないとフランス文学とフランス史の聴講が要求されているのを見て愕然としたことがあります。心理学の大学院には、医学や政治学、さらには動物学や植物学の出身者も在籍していました。言ってみれば、分野を越えた競争関係が成立し、同時に新たな協力関係が生まれているのです。数学を専攻していた学生がジャパノロジー（日本学）を勉強したいと訪ねてきた時も、ずいぶんと驚いたものです。後発国の日本が、大学における学問分野の分業関係を確立して、少しでも早く先進国に追いつこうとした努力は認めるにやぶさかではありません。ただ最近では、手段が目的に転倒してしまったような印象を感じるのです。大学に限られたことではないのですが、工業化の近道を急いだ結果、見落としてきた問題を改めて考え直す時期にきているように感じるのです。

一九九〇年代に、さる大学で特異な経験をしたことがありました。日本の高度経済成長の講演をした折に、日本の見事な成功は、実は例外的なほどに天然災害の少ない時期だったから実現できたに過ぎないと説明して、ずいぶんと批判されたのです。不吉なことなど聞きたくないという意見もありました。専門外の話が入りこんで、説明が猥雑になっただけだとの批判もありました。しかし、個人も社会も、成功の頂点に立っているうちに、次の課題を見つけておかねば、容易に転落するものです。成功の喜びに浸る権利は誰にでもあります。しかし、一つの段階を乗り越えるのは、より大きな次の課題に備えるためでもあるのです。せめて百年単位ででも考えるなら、成長の成果はともかく、日本社会の住宅建設さらには都市計画というのはあまりに不備だ、というのが当日の講演者としての主張だったのです。でも、多くの聴衆は、経済成長にともなって都市機能も充実してきたことを確認したくて、会場に来ていた様子でした。だから、多くの批判が寄せられたのです。しかし、当時の、このような漠とした危惧に大きな衝撃を与えたのが、二〇一一年三月十一日からの一連の経験でした。

阪神淡路大震災に続く今回の大震災は、過去の成功体験にしがみつこうとしていた日本人の感性を根底から揺さぶるものになってしまいました。そればかりか、福島の原子力発電所における被害の拡大は、科学技術を信頼し、技術力に頼って成長を推進してきた日本経済のあり方を改めて問い直すことになっています。成長は数十年単位で進められてきたのですが、半減期だけでも二万年もかかるような放射能の被害が明らかになった以上、一年単位で収益や決算を行なう現在の経営システムだけでは、対応できない問題が多すぎるのです。つまり、このレベルまで来てしまいますと、理系や文系といった便宜的分業関係ではすまされない問題が一気に噴出してくるのです。学問における分業関係は、私たちの認識を深化させ、効率のよいものに高めてくれます。しかし、それだけで十分ではないのです。経済学の分析においても、自然条件を安定的なものとみなすことは正しいのですが、その前提条件が崩れる場合の責任を同時に背負いこんでいることを忘れてはならないのです。

4　災害研究とアジア研究の接点

† 再検討課題としての「公共性」

今回の大震災に関しては、「防災」（あるいは防災学）の立場からの検討や調査が大掛かりに行なわれています。その全容が明らかになるのはこれからのことですが、そこでは意外なほどに、日本社会に伝統的な「自助」「共助」「公助」といった明治的概念が強調されているのです。そのことに関わって、社会科学にとっても重要な、「パブリック」（公共性）という概念の再検討も必要となっています。

一時代までの日本では、「大学と云うところは、パブリックかアカデミックの話題だけを問題に出来る人間が来るところ」といった説明が広く行なわれてきました。こうした表現は、柳田國男（一八七五－一九六二）だけでなく、矢内原忠夫も南原繁もよく口にしていました。そのことは、すでに紹介した通りです。それほどまでに一般的だった「パブリック」という概念が、高度経済成長と共に、いつの間にか、わが国ではあまり語られなくなってきたのです。ただ、それには十分すぎるほどの社会的根拠があったのです。

西欧では国家と個人の間に、分厚いコミュニティーや地域社会の機能と伝統があって、国家といえどもそこには容易に介入できない構造になっています。スイスやオーストリアでは、コミュニティーが自衛のための武器庫までもっていることはよく知られています。もっとも貧相な場合でも、そこには対戦車砲程度の装備は整備されている。極論するなら、外国軍の侵入があった場合、国家の軍隊（彼らの言い方なら連邦軍）とは、そうした個別のコミュニティーが降伏するか抵抗するか、それともそれ以外の選択をするか、といった重要な意思決定をするまでの時間稼ぎのための社会的装置とされているのです。つまり、連邦軍の部隊や将校とは、制限時間までは壊滅しないで頑張る義務を背負い込んだ気の毒な人たちだ、と言うこともできるのです。つまり、重要なのはコミュニティーの意思決定なので、それを保障するために最善を尽くすのが国家なのです。ここでは国家がコミュニティーを支えているのであって、その逆ではないのです。

このような国家と、国家防衛のためには国民に滅私奉公を一方的に強制するような社会とでは、国家と「パブリック」の意味がかなり違ってくることになります。日本の社会科学の領域においては、

「共同体の解体」が近代社会成立の一つの目安とされてきました。伝統的共同体には諸々の伝統的な権威関係や習俗が絡み付いていて、それを排除することで社会の近代化が進んだと理解されてきたのです。

† 公共性の日本的変容

しかしながら、伝統的な共同体（ムラ）といっても、その意味は多分に両義的であったのです。たしかに一方では、ムラは「村八分」に代表される厳しい強制の執行主体でした。それを恐れて、一般農民が旧来からの権威にひれ伏してきたとの説明もなされてきました。しかし一方では、ムラは民衆的な自治のための基礎組織にもなっていたのです。とりわけ、西日本の多くの地域では、その傾向が顕著だったことが知られています。そうした地方における「村役人」たちは、選挙ないし交代制で選出されていました。また、危機の場合に、彼らは自身を犠牲にして直訴を敢行したのです。つまり、村役人層の上部からもっとも危険な役割を担い、最悪の場合には犠牲となることも厭わない存在となることを引き受けていたのです。そのような内発的な強靭さのあったことが、幕末期の国一揆や、明治期の秩父事件に代表されるような豪農型自由民権運動を惹き起こしていく力となっていたのです。それればかりか、後の時代の農村の工業化を担ったのも、このような土着の努力と伝統があったからだと言うこともできるのです。

つまり、権力への抵抗運動だけでなく、日本のムラは、自治的な扶助組織としても高度に機能していたのです。だからこそ、日本の各地の山々には松茸《まつたけ》が豊富に生えていたことをご存知でしょうか。もともと、赤松や黒松は日本の山々を覆う植物ではなかったのです。日本の本来的植生は照葉樹林帯とも呼ばれていて、楠《くすのき》、椎《しい》、樫《かし》などの亜高木層と、椿《つばき》、山茶花《さざんか》、八手《やつで》などの低木層で覆われていたのです。松が広がったのは、一つには大陸渡来の「古墳文化」の影響です。ただ、決定的だったのは、松の樹木が建築材料となり、松の落葉が一般家庭の燃料として重宝されたからなのです。そのため、日本のムラでは松林の共同管理を行ない、下草も生えない砂地がむき出しの松林を作り出したのです。言い換えれば、下草も生えてこられないほどに、丁寧に落ち葉をかき集めていたと言ってもよいのです。松茸だけでなく、赤松林は根本に雑草や潅木が生い茂るような状況ではうまく成長できないのです。つまり、白砂青松《はくしゃせいしょう》と言われる日本的風景や、松茸が大量に取れた松林と言うのは、自治的な相互扶助のシステムが十分に機能していた日本の農村だからこそ成立しえたのです。

ただ、西欧のいくつかの経験と異なり、日本の場合、秩父事件の顚末《てんまつ》が象徴するように、ムラの自治的な機能と伝統は絶えず切り縮められてきました。それに代わって、中央政府の直接的な統制と指導の下に明治国家の建設が進められることになったのです。住民の自発的な総意で設置された隠岐島の議会制度や、京都における町組による自発的教育制度の整備は一蹴され、その上で政府の規制による府県制ならびに市区町村制や、義務教育制度が普及されていくことになったのです。

つまり、日本の歴史的展開過程では、政治に関わるコミュニティーの自治的側面が慎重に封印され、公共性のかなりの領域が国家機能の末端に組み込まれていくことで、「近代国家」の建設が進められていくことになったのです。こうして、日本では「パブリック」の多くの領域が、国家機能の一部に、「公」として移転されていったと言えるのです。さらに言えば、公共の「共」の部分が、切り縮められていったと言ってもよいでしょう。ただし、それがすべてではないということも弁《わきま》えておく必要があります。日本の各地の松林は比較的最近までよく維持されてきました。松茸も一九六〇年代までは全国でありふれた産物だったのです。切り縮められたにせよ、頑張っている地域は常に存在していたのです。今回の津波で滅んだ陸前高田の松林も、地元の人びとの努力で育てられてきたものでした。あの人びとは、またその復興のために立ち上がるでしょう。また、松林以前の日本の植生を積極的に復活させて地域興しを進めようとしている人びともいます。その代表とも言える熊本県黒川の事例は、そのような日本におけるコミュニティー復興の見事な典型をなしています。

しかしながら、明治以降、国家があまりに多くのものをみずからの権限の領域として抱え込んできました。そのために、この国では、「近代的市民層」の形成が微弱なものに止められたり、異様な変質を迫られたりすることになった側面は否めません。そして、社会全体としては、長期的にハイ・コストのシステムを増幅させる結果になってしまったのです。

† 3・11を通してみる公共性の意味

今回の震災からの復興過程でも問題となっているように、地域の自発的な取り組みが、政府や地方自治体の方針と相容れないまま、一方的に押し切られる事態が各地で頻発しています。たとえば、宮城県南三陸町馬場中山地区では、震災後も住民たちが協力して地域の集会所で生活していました。そのため逆に、公的な支援の手が差し伸べられるのに時間がかかっているのです。それでも、彼らは道路の寸断された地域での自力復興を模索していましたし、仮設住宅の用地も自前で確保しようと努力していました。住民の連帯を維持することに最大の眼目をおいていたのです。「稼ぐのも一緒、貧乏も一緒」という彼らの共同体的生活態度には、真摯で痛切な規範が生きていることをうかがえます。地域住民の全漁船が失われた状況だったのですが、彼らは共同で一隻の小さな漁船を北海道で購入し、外洋航海能力のないその小さな船を自前で操作し、単独で津軽海峡を横断し、荒れ果てた小さな港へと回航しています。住民のほとんどが、その漁船が港に入ってくるのを涙ながらに迎えているのです。そこからは、生き抜こうとする姿勢と、地域の協力関係のひたむきさが伝わってきます。彼らの経済的負担は少なくなかったでしょう。しかしながら、政府は、漁船への需要が出てくるのを見越した投機家たちの全国的な買占めを規制することもしませんでした。また、宮城県では独自に仮設住宅の設計計画を立て、住民と相談することもなく、いくつかの地域に被災者を分散収容する方針を実施しています。そこに明快な説明は与えられていません。相互扶助を前提にした地域の分業関係の意味は配慮されなかったのです。「公」の政策はなされないか、仮にあっても、そこでは「共」への配慮が十分にはなされなかったのです。

個々の局面で露呈してきた問題があまりに大きいにせよ、二〇一一年の東日本大震災では、日本社会における公共性の意味が鮮烈に問われることになりました。その点で、経済学を含めた社会科学者にとっても真剣に向き合うべき課題が多いのです。国の無策と怠慢が露呈する一方で、これまで散々切り縮められてきたにしても、日本社会における地域の姿勢と取り組みが決して半端なものではなかったことを印象付けました。そのことだけでも、日本社会の将来を考える上で、貴重で大きな経験となっているのです。

† 震災時における「共助」と「自助」

わが国の都市部では、消防活動は公的サービス業務となっています。しかし、地方では「消防団」という自発的な組織が中心になっています。関係者は自分たちの職業をもちながら、定期的な訓練活動に取り組み、設備の補修を行ない、緊急事態においては、それぞれの持ち場に駆けつけることを要請されているのです。3・11の震災でも、多くの消防団員が、ただちに出動しました。防潮堤の水門を閉めに走る者。緊急避難を呼びかけて走り回る者。逃げ遅れた住民を避難させようと、懸命の努力を続けた者。彼らがいかに献身的であったのかは、二〇一一年六月二十七日時点におけるたった二つの数字からもうかがえます。避難と防災の訓練を受け、災害の危険性を熟知している彼ら消防団員のうち、一九二名が死亡し、五十七名が行方不明となっているのです。ほとんどが、警報を聞き、ただちに持ち場に走り、そして帰らぬ人となったのです。自治的組織とは、常にこのような公共性への責任規範の上に成立しています。国家的権威が主導してきた日本でも、こうした底辺の扶助努力と共助の姿勢があったからこそ、たとえ不十分であっても、十九世紀以来の制度変更に成功してきたと言うことができるのではないでしょうか。

規制と不十分な配慮の下に置かれてきたにせよ、わが国の地方制度がともかくも共助の伝統を維持してきたし、それがまた個人的な献身と熱意によっても支えられてきたことについては、今回の大震災に関して他にも多くのことが伝えられています。岩手県大槌町では、警報を聞き対策本部の設置に奔走しようとしていた町長自身が殉職しています。南三陸町では、防災対策庁舎に置かれた防災無線室で緊急避難を呼びかけ続けた二十四歳の女性が殉職しました。自身への避難命令に「あと少し」と無線機にしがみついて、連呼しながら波間に消えることになったのです。

交番勤務の警察官は三十名が犠牲となっています。ほとんど沿岸部の交番勤務で、周辺の高齢者たちの避難に協力しようとして不帰の人となったものと推測されています。また、釜石市では、体調不良で学校を休んでいた女子生徒が、震災時に駆けつけるように言われていた老人宅に向かい、老女の避難を助けようとして、そのまま犠牲となっています。地域を守るための制度は、こうした「共助」

の継続抜きには成立しえないものなのです。

3・11の経験は、「共助」抜きに「公助」の効果的な機能はありえないことを示しています。そして、それだけでなく、「公助」や「共助」には、もっと根底的な前提が必要であることも明らかにしていたのです。この点でも、今回の大災害は、多くの社会科学的な考察に痛烈な反省を迫るものとなっています。そのことを災害の一端から見ておきます。

東北地方では「津波てんでんこ」という表現が遺されています。これは震災の多いこの地方で、親のことや子供のことより、まず自分自身が助かる努力をせよという強烈な戒めなのです。そのことが、いくつかの事例で明らかになるにつれ、私たちが日本社会を再構成していく上での原点が見えていたことを、改めて確認しておきたいと思います。

宮城県大川小学校のように、ハザード・マップ上で安全と判断されていて、結果的に大きな被害を出した場合もあります。しかし、釜石市の釜石東中学校の事例は、「共助」には堅牢な「自助」の精神が不可欠なことを知らせる貴重な経験となっています。

同校は、災害時には避難が必要な地域に設置されていました。避難の指定場所も決められていました。ところが、同校の中学生たちは、指定の場所でも危険だと自分たちで判断し、裏山に逃げているのです。さらに、そこでも危険だと判断した彼らは、別の高台を目指し、結果的に一人の犠牲も出していないと報告されています。

それだけではありません。中学生たちは、彼らを追いかけてきた近くの鵜住居小学校の児童たちの手を引いて駆けているのです。それればかりか、途中で見かけた幼稚園児のベビーカーを押して走った生徒もいたようです。眼を覆いたくなるような不幸の一方で、こうした懸命の努力もまたおびただしく続けられたのです。

こうした経験は、「自助」の精神を鍛えようとする者こそが、「共助」にも効果的に関わりうることを顕著に示した経験となっています。内面を鍛え、心の勁《つよ》さを養うことの重要さを、彼らの行為から、鮮明に見て取ることができるでしょう。多くの消防団員や交番署員が犠牲になっていますが、彼らも彼らの仲間たちも、一方ではおびただしい弱者の支援を心がけ、多くの命を救っているのです。

5 おわりに

経済学とは、本来的には、権力者の横暴や不正に対して異議を申し立てるだけでなく、みずからの気を引き締め節制努力する（つまり economize を人生の基本とする）人格を前提に成立してきたのです。ところが、学問が「現代化」し、それが「費用極小・利潤極大」のみの追求の学となり、そのための論理的精緻化ばかりが評価されるようになってくると、呆れるほどに変身してきたのも事実です。個別の専門領域はどんどん拡大したものの、手段の目的化が進み、新たな危機に瀕しては、新たな分野を創り出し、市場そのものを問うよりも、その機能の一端に迫ることに集中してきたのです。二十世紀後半以降の経済学の歴史とは、そのような経緯を辿ってきました。それは同時に、資源豊富で多資源消費を美徳とするアメリカ型の社会が、世界史の前面に躍り出る時期でもあったのです。しかしながら、アメリカという国は、多少の、いや仮にかなりの錯誤があったとしても、国土の豊かさだけでもかなりを補うことができるほどに恵まれていたのです。

アメリカの経験が無意味だというのではありません。奔放なエネルギーに溢れ、世界中から人材を惹き付けてやまないこの国の魅力は、それ自体が巨大な研究課題だと言えます。アメリカ流の現代経済学は、このような奔放で爆発的な人間空間を市場という舞台で表現する一つの形式となっている、と言うこともできます。ただし、それは「一つの」形式であって、経済学の分野だけに限定しても、もっと異質の課題はいくらでも存在するのです。日本のように資源はなくとも天然災害はふんだんに襲ってくる社会では、経済分析に自然現象を織り込んで考えるほどの柔軟さが求められているのです。海水面の上昇に悩む南太平洋の島嶼《とうしょ》諸国なら、問題はもっと深刻です。そこでも経済問題は存在するのです。学問の分業化は科学や経済の発展手段としては十分に機能しています。しかし、それを手段として私たちが次にどこに向かうべきかについての学問は、十分に開花してはいないのです。

それと同時に、工業化を急いだ日本が置き忘れてきた問題も、少しずつながら明らかになってきています。経済の一層の飛躍のためには、そうした課題の充足も必要なのです。異質の経路を歩んだ社会は、それなりの人間形成の課題を抱え込んでいます。発展段階から見ても、転換点における問題噴出の状況から見ても、日本社会は、そうした課題に取り組むには絶好の位置を占めています。そのことに取り組むことで、私たちはアジアという特異な空間への接近を図れるだけでなく、勇往邁進したアメリカ経済についての警告を発することもできるのです。「トモダチ作戦」に謝するに、これ以上の友情はないでしょう。

▒参考文献

南原繁については、自身による多くの随筆や論文があります。評伝としては丸山真男・福田歓一編『回想の南原繁』（岩波書店、一九七五年）、加藤節『南原繁――近代日本と知識人』（岩波新書、一九九七年）があります。経済学の諸潮流に関する文献についてはインターネットでの検索が可能ですが、筆者が参考にしたものとしては共編著『ソーシャル・アジアへの道』（ナカニシヤ出版、二〇一二年）所収の拙稿を参照してください。

第2章　震災と人権

窪　誠

1　はじめに

東日本大震災から二年近くが過ぎました。家も家族も失い、避難所生活を続けている人がまだたくさんいます。家は残っても、原子力発電所事故による放射能汚染のため、帰宅できない人も数多くいます。放射能の危険から子どもを逃がすため、故郷から遠く離れて、家族が離れ離れになっているケースもあります。さらには、放射能汚染のため、農業、漁業、酪農業をはじめとする食べ物に関わる産業、そして、観光業のような人に関わる産業に関わる人びとの中には、そうした生活の糧を放棄せざるをえなくなる人びともいます。自然災害だけなら、たとえ今は大きな困難があっても近い将来には、立ち直る可能性が十分にあります。ところが、放射能汚染という人災は、その汚染のひどいところでは、これから何十年も、その復興の作業自体すら不可能にします。一方に、こうした悲劇的な状況がありながら、他方で、政府は二〇一一年十二月に、原発事故の収束宣言をしました。災害と人権について、私たちはどのように対処し、これからどのような社会の建設を目指すべきなのか、そのことについて考えてみたいと思います。

2　災害対応の三段階

まず、私たちは、災害に対して、普通ならどのような態度をとるのでしょうか。いきなり今回のような大災害から考えるのは難しいので、家庭内の小さな事故から考えてみましょう。

以下のような状況を想像しましょう。鍋で料理を温めている間、急に電話がかかってきたために、台所を離れました。または、別の用事のために、台所を離れて別室で仕事をしています。しばらくすると、台所からなにやら焦げ臭いにおい。あわてて台所に飛んで行くと、鍋の中のものはすでに焦げていて、あたりは煙だらけ。こうした経験のある人は少なくないと思います。たしかにこれは、誰にでもありそうなウッカリミスです。でも、発見が遅れれば、大火事という災害にもなりかねない事件です。

これに対して、私たちは普通どのような態度をとるのでしょうか。まずは、火を消す。しかし、何らかの原因で、火がすでにまわりのものに燃え移り、台所全体が火の海になっている場合には、逃げて助けを呼ぶしかありません。家族または近所の人、もしくは、消防士の助けを借りて、ようやく火を消すことができました。このように、まずは、損害の拡大を抑えること、それがただちにできない場合には、いったん避難して他の人の応援を頼んで、損害の拡大を抑えることになります。

さて、消火ができたら、損害の修復です。鍋が焦げた程度なら、最悪でも鍋の買い替え程度の負担ですみます。ところが、隣家を焼いてしまったり、隣人に火傷を負わしてしまったりというような場合は、その修復のための負担がより大きくなることは言うまでもありません。修復の次の段階は、予防でしょう。二度と同じ事故を起こさないように、料理の時はタイムメーカーを使用するなり、煙探知機を備えたりするでしょう。つまり、災害について、私たちは、まず、原因の制圧とそれが不可能な場合の避難、次に、損害の修復、最後に将来の発生予防という主に三段階の対応をすることになります。

3　今回の震災における対応の問題点

——情報共有の欠落——

以上は、事故の原因が自分自身の不注意にあり、事故の被害も自分のものというもっとも簡単な例です。それでも、事故に対する私たちの対応には、直接対処、修復、予防という三段階があることが分かりました。それでは、この三段階が、今回の東日本大震災の場合には、どのような形で現われたのかを考えて見ましょう。

まず、侵害に対する直接対処についてですが、東日本大震災では主に三つの大きな侵害がありました。一つめは、地震自体による侵害、二つめは津波による侵害、三つめは、放射能による侵害です。これらはどれも自分の力で抑えることができません。できることは、ただ逃げることだけです。自分で逃げることができる人はまだいいのですが、乳幼児やお年寄り、身体が不自由な人は、他の人の助けがなければ、自分一人では逃げることもできません。どうしても、人びとが助け合うことが必要になります。しかもそれは、身体的・精神的に助け合うだけでなく、情報を分かち合うという意味でも助け合わねばなりません。とりわけ、放射能のような、直接目にも見えない、においもないにもかかわらず、きわめて危険なものに関する情報が重要であることは、誰にもただちに理解されることでしょう。このように、震災に対する三段階の最初の段階において、情報を分かち合って行動することが決定的に重要であることが分かります。東日本大震災への対応におけるもっとも大きな問題の一つとして、放射能に関する情報が一握りの人びとに独占されてしまったために、多くの人びとが被爆したことが挙げられます。実際、人権の保護促進のために活躍する、特定非営利活動法人ヒューマンライツ・ナウが、二〇一一年八月十七日に、「福島第一原子力発電所事故に伴う住民の健康・環境・生活破壊に対して、国と東京電力がとるべき措置に関する意見書」をインターネット上で発表しました。その中で、政府、東京電力による情報開示の不十分性が、以下のように述べられています。

放射線被害から住民を防護するためにも、また住民が避難を決断するためにも、土壌・空気等の汚染について包括的・継続的な調査と情報公開が住民に対してなされなければならない。政府が、住民の居住環境が深刻な汚染を受け、住民の生活・生産活動が危機に晒されているのに必要な情報・危険性を告知しなければ、それは人権保障義務に対する違反にほかならない。ところが、現状の土壌汚染の情報公開ははなはだ不十分であり、民間団体からは深刻な土壌汚染等の報告がされているにもかかわらず、国はこれに対応する調査を公開していない。空間線量、土壌汚染ともに実際に生活する市民からみれば、現実にどこに深刻な汚染があるか極めてわかりにくい。また文部省によれば、「ホットスポット」についても正確な概念ではないため、場所の特定・公表は行っていないということである。（二〇一一年八月五日および十二日に確認）

食の安全についても、政府による情報開示の不十分さを、以下のように指摘しています。

福島第一原発事故後、政府は、「風評被害」との文言を用いて、流通している食材が、あたかも放射能で汚染されていないかのような姿勢を示し、十分な規制・検査・情報開示と流通の阻止のために活動してこなかった。それが今日、食の安全が脅かされ、広範な人々の健康が脅かされる事態に至っている。

災害への対応においてもっとも重要な情報の共有ができない。なぜ、このようなことになってしまったのでしょうか。そこで、情報共有の「共」という言葉の意味から考えてみましょう。

4　横の「とも」と縦の「共」

実は「共」という言葉自体が、もともとは、対等な人と人のつながりを表わす言葉ではなかったのです。「共」は右手と左を合わせた形から来ています。両手を合わせて、「お上」にお供え物を捧げることを表わしていたのです。

つまり、「共」は横のつながりではなく、縦すなわち上下の支配従属関係を表わす言葉なのです。「供え物」や「お供する」、「恭順」という表現に「共」が使われていることからも、そのことが分かると思います。実際、「共」が従属の意味を含みうることから、その意味合いを排除するために、「子供」を「子ども」と書こうという動きもあります。

一方で、「お上」すなわち支配者を表わす言葉として使われてきたのが「公」です。朝廷や幕府のことを公儀と呼んだり、朝廷に仕える人びとを公家と呼んだりしました。他方で、支配者に従う存在が「民」です。「民」という漢字は、片目を針で刺した形から来ています。片目をつぶされた奴隷や被支配民族がもともとの意味でした。さらに、「由らしむべし、知らしむべからず」（論語泰伯）とか「見ざる、聞かざる、言わざる」という言葉も、本来の意味を離れて、「民」は何も見ることなく、聞くことなく、言うことなく、おとなしく「お上」の言うことに従っていればよいという意味でしばしば使われてきました。

こうした、「民は公に共しろ」、「民とは公に共する存在である」という考え方を、日本における「公共」の思想と呼ぶことができるでしょう。実際、戦前戦中は、治安維持法による弾圧が示すように、「お上」の政策に反対していると疑われただけで、多くの人びとが逮捕され、拷問され、殺されたのでした。

情報についても、たとえば、原子爆弾が広島・長崎に投下されたことすら、「民」には知らされなかったのです。戦争開始についても、「民」に諮《はか》られることもなく、ましてや判断のための十分な情報が与えられることもなく、「お上」によって一方的に決定されたのに、その惨禍はすべての「民」に負わされたのでした。原子力発電所の建設についても同様でした。住民には判断のための十分な情報が与えられず、「お上」が多くの人びとの反対を押し切って決定したのに、その惨禍は、すべての人びとに負わされているのです。

5　人権より上の「公共の福祉」

戦後、日本国憲法が制定され、国民主権と人権尊重が明記されても、「公共」の思想に変わりはありませんでした。日本国憲法第十一条は、「国民は、すべての基本的人権の享有を妨げられない。この憲法が国民に保障する基本的人権は、侵すことのできない永久の権利として、現在及び将来の国民に与へられる」と宣言しています。さらに、第九十七条は、「この憲法が日本国民に保障する基本的人権は、人類の多年にわたる自由獲得の努力の成果であつて、これらの権利は、過去幾多の試錬に堪へ、現在及び将来の国民に対し、侵すことのできない永久の権利として信託されたものである」として、人権がもっとも重要であることを宣言しているにもかかわらず、第十三条「すべて国民は、個人として尊重される。生命、自由及び幸福追求に対する国民の権利については、公共の福祉に反しない限り、立法その他の国政の上で、最大の尊重を必要とする」という規定の趣旨を反対に解釈することによって、人権よりもまず「公共の福祉」が優先する、ということにしてしまったのです。

実際、今回の原発事故においても、「想定外」という言葉が何度か使われました。「想定外」は一時流行語になったほどですが、これが真っ赤なウソであることは明らかです。原子力発電所に反対する人びとは、いくつかの裁判の中ではっきりと今回の事故のような危険性を指摘していました。ところが、「公共の福祉」を優先してそれを退けたのは裁判所だったのです。その際に、裁判所が用いた言葉は「想定不適当」でした。裁判所は、「想定外」どころか、「想定すること自体が不適当であり、想定してはいけない」と命じていたのです。結局、奴隷である「民」は、「公」である「お上」に、おとなしく従っていればよいという「公共」の思想に変わりなかったのです。

6　政府にとっての人権
――「思いやり」――

それでは、政府は人権をどのように見ているのでしょうか。政府は、人びとの人権意識についての調査を何度か行なっています。その調査では、「権利の主張による他人への迷惑」という見出しのもと、「人権尊重が叫ばれる一方で、権利のみを主張して、他人の迷惑を考えない人が増えてきた」という意見についてどう思うか、という質問をしているのです。人権尊重は一部の人間が勝手に叫んでいるのではなく、日本国の基本法である憲法が宣言していることなのです。それをあたかも一部の人間が叫んでいるように表現し、「権利のみを主張して、他人の迷惑を考えない人が増えてきた」という意見をもっているのはいったい誰なのでしょうか。日本国憲法第九十九条は、「天皇又は摂政及び国務大臣、国会議員、裁判官その他の公務員は、この憲法を尊重し擁護する義務を負ふ」と明記しているので、政府がそのような意見をもっていることは表立って言えません。そこで、あたかも第三者の意見のように装って、政府の意見を浸透させようとしているのではないかという疑いが生じるのも無理からぬことです。

では、政府にとって、権利でない人権とはどのようなものなのでしょう。それを示しているのが、法務省人権擁護機関が掲げる、毎年の啓発活動重点目標です。二〇〇六年度から二〇一一年度までの啓発活動重点目標は、以下の通りです。二〇〇六年度、二〇〇七年度の啓発活動重点目標は、「育てよう一人一人の人権意識」。サブテーマとして、「思いやりの心・かけがえのない命を大切に」。二〇〇八年度の啓発活動重点目標は、「《世界人権宣言六十周年》育てよう一人一人の人権意識―思いやりの心・かけがえのない命を大切に―」。二〇〇九年度の啓発活動重点目標は、「みんなで築こう人権の世紀―考えよう相手の気持ち育てよう思いやりの心―」。二〇一〇年度の啓発活動重点目標は、「みんなで築こう人権の世紀―考えよう相手の気持ち育てよう思いやりの心―」。二〇一一年度の啓発活動重点目標は、「みんなで築こう人権の世紀―考えよう相手の気持ち育てよう思いやりの心―」。

年毎の重点目標といいながら、ほとんど変わっていません。そこで説かれているのは、権利ではなく、「思いやりの心」なのです。放火で家を焼かれ、全身にやけどを負った被害者に対して、「火の用心」を説くようなものです。いじめや虐待の被害者に、「思いやりの心」を説いて何になるのでしょうか。結局、政府にとっての人権とは、被害者の立場ではなく、「お上」の立場から、加害者のために用いられる考え方なのです。

7　欧米の公と日本の公

それでは、日本が追いつけ追い越せとその政治制度や経済システムを模倣し目標にしてきた欧米では、公と民についてどのように考えられているのでしょうか。英語では、多くの場合、日本語の公はパブリック（public）、民はピープル（people）と訳されています、ところが、パブリック（public）という言葉は、ラテン語の人びと（publicus）に由来しています。つまり、パブリックとピープルという言葉は、そもそも同じ言葉に由来し、対立するものではないのです。実際、ヨーロッパでは伝統的に、国家をラテン語のレスプブリカ（respublica）と呼んできましたが、これは、まさに、「ピープルの物事」という意味です。

それではヨーロッパにおいて、公（パブリック）に対立する概念は何でしょうか。それは、私（プライベート private）です。私の空間は家です。家から一歩出れば、すべては、パブリックの空間です。日本のように、「公」という支配者と、「民」という奴隷の二種類の人間が存在するのとは違います。欧米では、同じ一人の人間が活動する場として、家の中であるプライベートの場と、家の外であるパブリックの場があるのです。たとえば、イギリスには、パブリックスクールとよばれる有名進学校がありますが、これは日本で言う公立学校ではなく、立派な私立学校です。かつて、教育は、貴族が家庭教師を雇って家、すなわち、プライベートな場において行なわれていました。その後、経済的に台頭してきた庶民が、自分たちの金を出しあって、家の外に作った教育機関がパブリックスクールだったのです。

こうした、欧米と日本の考え方の違いは、当然、人権についての考え方の違いにもつながります。日本では、人権が加害者のための「思いやり」の問題にすりかえられていることは先に見ました。ところが、欧米において、人権は、「ピープルの物事」である国家（respublica）の存在理由として、十七世紀のイギリス、十八世紀のアメリカ、フランスで主張され、ピープルによる革命を通じて、近代国家の基本原理となったものなのです。それ以前、国家（respublica）とは、国王が神の権威によって支配する対象だったのです。この考え方を王権神授説といいました。これに対して、革命を担ったピープルは、社会契約説を唱えました。つまり、ピープルが自分たちの人権、すなわち、生命・身体の安全と生活、思想や良心の自由などを守るために、お互いに約束して、国家（respublica）を作ったと説くのです。その約束が憲法です。そのため、日本国憲法も含めて、多くの近代憲法は、国の政治的仕組みを定める部分と人権を定める部分から成り立っているのです。

8　諸外国の法制度および国際条約における「知る権利」

†四つの知る権利

第二次世界大戦後に創設された国際連合は、人権を各国レベルのみならず、国際的なレベルで保護促進することの大切さを認め、国際連合の目的そのものとしました。そして、人権に関するさまざまな条約を制定してきました。また、ヨーロッパでは欧州審議会、米州では米州機構、アフリカではアフリカ統一機構といった各地域の国際機関が、それぞれ、欧州人権条約、米州人権条約、アフリカ人権条約を制定し、欧州人権裁判所、米州人権裁判所、アフリカ人権裁判所を設置しています。人権侵害の被害者が、国内裁判所によって救済されない場合、それらの国際裁判所に訴えて救済を求めることができるのです。諸外国やこうした国際人権裁判所は、情報を分かち合う権利について、どのように取り組んでいるのでしょうか。この権利は、「情報へのアクセス権」とか「知る権利」とか呼ばれています。ここでは、「知る権利」と呼んでおきましょう。すべてを詳しく説明することはできませんので、大まかに四つの取り組みに分けて説明したいと思います。それは、生命権としての知る権利、プライバシー権としての知る権利、参政権としての知る権利、環境権としての知る権利です。

†　生命権としての知る権利

まず、生命権としての知る権利とは、政府は生命に関わる危険を関係者に知らせなくてはならないということです。その欧州人権条約第二条は、以下のように明記します。

すべての者の生命に対する権利は、法律によって保護される。何人も、故意にその生命を奪われない。……

ここには、知る権利は直接には明記されていません。にもかかわらず、欧州人権裁判所は、Öner-yıldız 対トルコ事件判決（二〇〇四年）において、政府が関係者に情報を提供していなかったことを理由に、条約違反を認めて、その政府に被害者に対する損害賠償を命じたのです。この事件では、ゴミ捨て場付近に無許可で住んでいた人びとの家が、ゴミから発生したメタンガス爆発でゴミに飲み込まれてしまい、数人の死者が出ました。そこに住むことの危険性を専門家が以前から指摘していたにもかかわらず、政府は危険性を関係住民に知らせなかったことが人権侵害とされたのです。判決は、「そうした危険活動に関する場合、人々が明確かつ十分な情報に接することは、基本的な人権と見られている」と明言し、この権利が、原子力の民間利用にまつわる危険に限られると解釈してはならないことは、「チェルノブイリ災害の影響に関する欧州審議会議員総会決議一〇八七」（一九六六）で明らかにされている、とことわっています。逆に言えば、原子力利用にまつわる危険については、政府は関係者に情報を提供するより一層強い義務を負っているのです。

† プライバシー権としての知る権利

これも、条文には知る権利が直接明記されていないにもかかわらず、裁判所が認めたものです。欧州人権条約第八条一項は、プライバシー権について、以下のように規定します。

すべての者は、その私生活および家族生活、住居および通信の尊重を受ける権利を有する。

Guerra 対イタリア事件判決（一九九八年）において、欧州人権裁判所は、民間化学肥料工場における環境情報、すなわち、事故の危険性および事故発生時の対処方法を当局が住民に知らせなかったことを、この八条違反としました。とりわけ、この訴えは、住民にまだ健康被害が生じていない段階でなされたにもかかわらず違反認定されたものであり、知る権利の重要性を強く示しています。

† 参政権としての知る権利

参政権としての知る権利とは、民主主義の下では、ピープルが政治の主人公なのだから、すべての人が政治に参加する権利があり、そのためには政府や公共機関の情報を入手することができなくてはならないという考えに基づきます。十八世紀において、スウェーデンの「著述と出版の自由に関する一七六六年憲法法律」は、一般市民が公文書に自由にアクセスできる、公文書公開の原則を定めました。これは、現在も形を変えて残っています。ところで、参政権としての知る権利は、表現の自由という形をとることもあります。たとえば、日本も締結している一九六六年「市民的及び政治的権利に関する国際規約（自由権規約）」は、以下のように、表現の自由を規定する第十九条第二項の中に、知る権利を明記しています。

すべての者は、表現の自由についての権利を有する。この権利には、口頭、手書き若しくは印刷、芸術の形態又は自ら選択する他の方法により、国境とのかかわりなく、あらゆる種類の情報及び考えを求め、受け及び伝える自由を含む。（傍点引用者）

同様の規定がヨーロッパ人権条約第十条、米州人権条約第十三条にも見られますので、これらも、同じく知る権利を認めたものと考えられています。

† 環境権としての知る権利

一九八六年、アメリカは、「緊急対処計画と地域住民の知る権利法」を制定しました。企業施設が有する化学物質に関する情報を、政府が取りまとめ、地域住民に知らせることを目的としています。一九九八年には、「環境に関する、情報へのアクセス、意思決定における公衆参画、司法へのアクセスに関する条約」が採択されました。これは、デンマークのオーフス市で採択されたので、一般にオーフス条約と呼ばれます。条約の題名がすでに示しているように、情報へのアクセス、すなわち、知る権利は、参政権と共通する理念に基づいています。すなわち、「意思決定の主人公は自分たちなので、そのための情報を得る権利がある」という考え方です。オーフス条約前文の中で、この理念を明確に表明していると思われる部分を以下に見てみましょう。日本語訳は、インターネットで入手できる、「オーフス条約を日本で実現するＮＧＯネットワーク」（オーフス・ネット）によるものを利用させていただきます。

環境の適切な保護は、人間の福利および生命への権利自体を含む基本的人権の享受に不可欠であることを認識し、……

また、人は誰でも自己の健康と福利に適切な環境の下に生きる権利を有するとともに、個人として、また他者と協働して、現在および将来の世代のために環境を保護し、改善する義務があることを認識し、……

市民がこの権利を主張し、義務を遵守することが可能となるために、市民は、環境に関し、情報へのアクセス、意思決定への参画、司法へのアクセスの権利を保障されねばならないことを考慮し、これに関して、市民がこれらの権利を行使するためには支援が必要であると認識し、……

二〇〇四年には、フランスが環境憲章を制定し、翌二〇〇五年にはこれを憲法の中に盛り込みました。その第七条が知る権利を明記していますが、環境憲章もオーフス条約と同じく、「意思決定の主人公は自分たちなので、そのための情報を得る権利がある」という理念を示しているので、全十条を以下に見てみましょう。岩波文庫の高橋和之編『［新版］世界憲法集』の翻訳を使わせていただきました。

第一条　各人は、健康を尊重する均衡のとれた環境の中で生きる権利を有する。
第二条　何人も、環境の保全と改良に参加する義務を有する。
第三条　何人も、法律の定める条件に従い、自己が環境にもたらしうる損害を予防し、あるいは、それができないなら、その結果を小さくしなければならない。
第四条　何人も、法律の定める条件に従い、自己が環境にもたらしうる損害の修復に貢献しなければならない。
第五条　被害の発生が、科学的知識の現状では不確かであっても、発生すれば重大かつ不可逆的に環境に影響を与える可能性のある場合には、公的機関は、被害の発生に備えるために、自己の権限の範囲内で事前防止原則を適用して、危険評価の手続きの実施および比例原則に従った暫定措置の採択を配慮する。

第六条　公の諸政策は持続可能な発展を促進するものでなくてはならない。この目的のため、その諸政策は、環境の保護と開発、経済的発展と社会の進歩を両立させる。

第七条　何人も、法律の定める条件と制限内で、公的機関が保持する環境に関する情報を入手する権利、および、環境に影響を与える公的決定の策定に参加する権利を有する。

第八条　環境に関する教育と訓練は、本憲章の定める権利と義務の行使に寄与しなければならない。

第九条　研究と改革は、環境の保全と活用に協同しなければならない。

第十条　本憲章は、フランス国家のヨーロッパおよび国際社会における行動の精神的基礎をなす。

このように、国際レベルにおいては、環境問題も人権とりわけ関係住民の参加権に重点が置かれ、その中に知る権利が位置づけられるようになっています。ひるがえって、日本の一九九三年の環境基本法を見ると、「人権」という言葉が見当たらないだけでなく、「権利」という言葉すら、ただ一度しか使われていません。それが、以下の第二十七条です。

（情報の提供）第二十七条　国は、第二十五条の環境の保全に関する教育及び学習の振興並びに前条の民間団体等が自発的に行う環境の保全に関する活動の促進に資するため、個人及び法人の権利利益の保護に配慮しつつ環境の状況その他の環境の保全に関する必要な情報を適切に提供するように努めるものとする。

この規定は、国が保有する情報の提供に関する規定でありながら、その提供を受ける者の権利を規定するのではなく、逆に、情報提供によって影響を受ける「個人及び法人の権利利益の保護に配慮」すると言っているのです。「個人及び法人」とは、いったい誰を想定しているのでしょうか。ここで「法人」が入っていることに注意してください。つまり、企業です。この規定の適用を私たちはいま目の前にしています。電力会社や食品関連会社等の企業利益を優先するあまり、人びとの生命健康にとって大切な情報が提供されていないのです。先に、特定非営利活動法人ヒューマンライツ・ナウが、「福島第一原子力発電所事故に伴う住民の健康・環境・生活破壊に対して、国と東京電力がとるべき措置に関する意見書」を発表したことを見ました。その中で、「政府は、「風評被害」との文言を用いて、流通している食材が、あたかも放射能で汚染されていないかのような姿勢を示し、十分な規制・検査・情報開示と流通の阻止のために活動してこなかった。それが今日、食の安全が脅かされ、広範な人々の健康が脅かされる事態に至っている」と指摘していたのでした。つまり、電力会社や食品関連会社等の「権利利益の保護に配慮」し、情報が、彼らにとって「適切に提供」されているのです。こうした、弱きをくじき強きを守る態度は、先に見た「思いやり」人権と同じ態度です。つまり、どちらも偶然ではなく、政府の一貫した思想のもとに行なわれているのです。それが、「公共」の思想なのです。

9 国際貢献と国際背理

日本政府が推し進めているこのような「思いやり」人権は、国際社会の取り組みに背を向けたものであることを確認しました。ところが、こうした日本の状況は、海外からはたいへん分かりにくいものです。公と民、パブリックとピープルという言葉の違いもさることながら、日本政府は人権では国際社会に背理していても、外交と軍事では大きな国際貢献をしているからです。たとえば、国連の分担金は、外務省のホームページに掲載されている「二〇一一-一二年国連通常予算分担率・分担金」(二〇一二年)によると、一位のアメリカ(五億六九〇〇万ドル)に次いで、日本は二位(二億九六〇〇万ドル)です。ちなみに、ドイツ、イギリス、フランスがその後に続きますが、それぞれ、一億九千万ドル、一億五六〇〇万ドル、一億四五〇〇万ドルです。

さらに、憲法により軍隊をもたないはずの日本が、国連平和維持活動(PKO)という、主に各国の軍隊によって担われている活動にも積極的に参加しています。外務省のホームページに掲載されている「国連ＰＫＯ・政治ミッションへの派遣」によると、二〇一二年十月末現在で、三ミッションに五二七名の軍事部隊を派遣しています。国連平和維持活動の予算は、上記の国連通常予算とは別立てになっています。外務省のホームページに掲載されている「国連平和維持活動（ＰＫＯ）国連（ＰＫＯ）の現状」は、「二〇一〇年、日本のＰＫＯ分担率は米国の二七・一七四三パーセントに次ぐ一二・五三〇〇パーセントであり、ＰＫＯの活動経費の約八分の一を負担する財政貢献を行っている」ことを明らかにしています。そのため、これほど国際貢献している経済大国日本に、自分たちで物事を判断し意思決定しようとする人びとの存在が、「公」には想定されていないという事実、「見ざる・言わざる・聞かざる」の「民」しか想定されていないという事実に海外の人びとが気づくことは、たいへん困難になっています。

さらに、これほどの国際貢献は、日本人に優越心を与えてしまい、自分たちが「民」であることに気づくことを困難にしてきたのです。それでも、今回の大震災で、これまで「お上」として振る舞ってきた人たちの無責任な態度をさんざん見せつけられ、自分たちで意思決定しないと大変なことになることに気づいた人びとが増えてきました。そして、ひとたび、目を海外や国際社会に向ければ、そこには、「意思決定の主人公は自分たちなので、そのための情報を得る権利がある」と考える人びとがいて、それを認める法律、国際人権条約、国際人権裁判所の判例、国際機関文書があるのです。さらにいくつかの人権条約は日本も締結しており、日本国憲法第九十八条第二項は、「日本国が締結した条約及び確立された国際法規は、これを誠実に遵守することを必要とする」と定めているのです。これに対して、「日本国憲法は、戦後の占領軍によって押し付けられたものだから、守らなくてもいいのだ」と主張する声があります。しかし、それには、きっぱりと、こう応えてやりましょう。「私は、物言わぬ奴隷であることを押し付ける憲法ではなく、自ら考え判断することを認める憲法を選びます」と。

では、最後に、自分たちで物事を判断し意思決定する人びとからなる社会をつくるためにはどうすればよいのか考えていきましょう。

10 おわりに
――私たちの目指す社会――

† 自分にとっての幸せとは何か

ここまで読んでこられた方の中には、「自分たちで物事を判断し意思決定する人びとからなる社会をつくるために、私も憲法や国際人権について勉強しなくては」と思う人がいるかもしれません。将来的にはそうすることも望ましいことですし、そのための参考文献も、わずかに基本的なものだけですが、末尾に掲げておきました。

でも、実は、その前にしなくてはならないことがあると思うのです。私たちは、「お上」に従う「民」として、学校の先生からであれ、教科書からであれ、上司からであれ、報道からであれ、常に「お上」から学ぶことを習慣づけられてきました。そのため、私たちは、自分で考えているつもりでも、結局、外から学んだことの受け売りをしているにすぎないことがしばしばあります。これでは、結局のところ、いつまでも自分の考えに自信がもてないということになりかねません。

自分に自信をもって考え、物事を判断できるようになるにはどうしたらよいのでしょうか。そのためには、自分自身の気持ちから出発することが大切だと思います。もちろん、人の気持ちはそれぞれ異なります。ところが、一つだけ共通することがあります。それは、誰もが幸せになりたいということです。そこで、自分にとって幸せとは何なのかという問いから考えてみましょう。

† 二つの「幸せ」

誰もが幸せになりたいと思っています。ですので、算数のように考えれば、幸せになりたい人が集まれば足し算のように、当然、社会は幸せになるはずです。ところが、現実はそうなっていません。なぜでしょう。それは、同じ「幸せ」という言葉を使っても、実は、相反する二つの意味があるからです。それらを「結ぶ幸せ」と「切る幸せ」と呼びましょう。「結ぶ幸せ」とは、あなたが幸せだから私も幸せと感じる幸せです。誰でも、自分の家族や好きな人にいいことやうれしいことがあったら、自分もうれしくなるでしょう。人といっしょにある仕事を達成したり、同じ物事を見聞きして感動をともに分かち合えたらうれしいでしょう。こういう幸せが「結ぶ幸せ」です。一方、「切る幸せ」とは、あなたが不幸せだから私が幸せと感じる幸せです。人を妬んだり羨んだりしていると、その人間が失敗するのを見てうれしく思います。厳しい競争の中に巻き込まれれば、競争相手が病気や事故で脱落すれば、うれしく思います。こういう幸せが「切る幸せ」です。

みんなが「結ぶ幸せ」しか追求しなければ、たしかに、世の中すべての人びとが幸せになるでしょう。ところが、「切る幸せ」こそが幸せと信じている人が幸せになるためには、まわりに不幸せな人をつくらねばなりません。ですから、「切る幸せ」を追求する人が、財力を握れば、自分がより幸せになるために、まわりの人びとを一層貧しくさせようとするでしょう。政治権力を握れば、自分がより幸せになるために、まわりの人びとから権利や権力を奪ってゆくでしょう。そして、彼らの「切る幸せ」はますます増長し、自分たちは他の人びととは特別な人間なのだ、他の人びとには許されないことも自分にだけは許されると思い込むようになるでしょう。そして、他の人びとには、一方で、「見ざる、聞かざる、言わざる」を押しつけ、自分で考えさせず、判断させないようにし、他方で、その人びとをお互いに競争するように仕向けるでしょう。結局、「切る幸せ」は、一部の人がそれを実現することができても、そのために、他の多くの人の不幸が犠牲にならざるをえないのです。そうです。「お上」による「公共」の思想は、「切る幸せ」の表われなのです。

†「結ぶ幸せ」を目指すためには

みんなが幸せになるために、「結ぶ幸せ」を目指しましょう。でも、まず誰と結ぶのでしょうか。これもまた自分自身です。自分自身の身体と心の「痛い、苦しい、いやだ」という声に耳を傾けましょう。なぜなら、私たち「民」は、「見ざる、聞かざる、言わざる」を強いられてきたために、自分自身がみずからの「痛い、苦しい、いやだ」という心の叫びに耳を閉ざしてきたからです。戦時中は、「欲しがりません勝つまでは」というスローガンのもと、生活の苦しみを口に出すことを禁じられました。今は、放射能汚染の恐怖を口にすることもままなりません。なので、まずは、自分が自分の苦しみを認めてあげましょう。

次に、それを言葉にしましょう。そして、あなたに共感してくれそうな人に伝えましょう。逆に苦しみを伝えられた人は、その理解につとめましょう。協力できそうだったら、そして可能なら、それを学校や職場や地域や市や県や国の制度にすることを目指しましょう。たとえ、要請されたことに直接応えられない場合でも、だからといって、他者理解を拒絶することだけはやめましょう。

人権はこうして進展してきました。今は当たり前になっている婚姻の自由も、人種差別禁止も女性差別禁止も障害者差別禁止も、その他あらゆる人権が当初は、「痛い、苦しい、いやだ」という声をあげる人びとから始まり、それに共感する人びととの間にコミュニケーションが生まれ、法律や条約などの制度化に成功したのです。ですから、本来、私たちが学び教えなくてはならない教育とは、自己表現と他者理解に基づくコミュニケーションの方法であり、制度化の方法であるはずなのです。個人の幸せから出発してみんなの幸せにつなげる社会、私たちが目指すべき社会とは、そういう社会ではないでしょうか。

▩参考文献

阿久澤麻理子・金子匡良『人権ってなに？　Q&A』（解放出版社、二〇〇六年）。

阿部浩己・藤本俊明・今井直『テキストブック国際人権法』（日本評論社、二〇〇九年）。

川人博『テキストブック現代の人権』（日本評論社、二〇〇九年）。

ヒューマンライツナウ編『人権で世界を変える30の方法』（合同出版、二〇〇九年）。

第3章　東日本複合大災害とこれからの社会福祉

木村　敦

1　はじめに
——大災害で奪われた「生活」——

二〇一一年の東日本大震災と原発事故は、私たちから数え切れないほどのものを奪いました。「生活（くらし）」が根こそぎ奪われたと言ってよいでしょう。では、その「くらし」は何によってつくりあげられ、続けることが可能となるでしょうか。

私たちのくらしを根こそぎ奪っていった大災害からの回復のためには、さまざまな制度・政策が必要です。この章では、その制度・政策の中でも「社会福祉」に焦点があてられます。さまざまな社会的な政策の中で占める社会福祉の位置と役割をまず理屈の上で明らかにしたのちに、今回の大災害に際して社会福祉ができることは何かを、過去の大災害時の先例を教訓にしながら、考えていきたいと思います。

まずは、これらのことを考えていく前提として、私たちの「くらし（生活）」はどのように成り立っているのかを考えてみたいと思います。

2 「くらし（生活）」が成り立っているようす

私たちのくらしそのものの中のさまざまな要素のうちで、もっとも基本的であるのは「健康」です。大災害は、この健康を最重要の要素とする「くらしの中身（くらしそのもの）」を、大量に、一気に奪い去ったのであります。

† くらしの基盤

では私たちのくらしは、基本的には何によって維持可能となるでしょうか。くらしを、「生活の手段」つまり「お金」の面からみると、「仕事」が必ず必要です。私たちは、基本的には、自分たちのくらしに必要なもの（「生活物資」）を自分たちの手でつくりだすことができません。自分たちの「働き」をお金にかえて（「賃金労働」）、そのお金でくらしに必要なさまざまなものどもを買わなければ生きていけません。その意味で、雇われて働くこと（「雇用」）が、働く意思と能力のある人すべてに保障されていることが必要であり、きわめて重要です。さらに、その仕事（「働き」）を提供する場としての職場において、人びとが連帯・共同することの重要性も決して無視できません。私たちは仕事をお金にかえなければ生きていけませんが、お金は目的ではなく、あくまでもくらしの手段・方法であるからです。人間が集団で働いている場所であるならば、そこが「カネカネカネ」となって、人間性が無視されることがあってはならないのです。

しかし、仕事・雇用だけが保障されていれば健康なくらしが維持可能となるのではありません。人間と商品とが複雑に入り組んでいる現代社会においては、それらを結びつける手段がきわめて重要であります。道路・鉄道・港湾・水道・公園・その他公共諸施設がその手段であって、これらは「社会的共同生活手段」と呼ばれます。ここでは、このくらしを維持するための基本的方法手段を「くらしの基盤」と呼んでおきます。

† くらしをささえる条件

すぐ上で述べたように、大災害は私たちのくらしそのもの（「くらしの中身」）を奪いました。そして、くらしの手段（「くらしの基盤」）、すなわち雇用・労働と社会的共同生活手段も、暴力的に奪い去られました。しかしくらしは、その中身と基盤だけで維持されるわけではありません。維持されるためのいくつかの条件があります。

くらしのための条件として必要なものの一つは、家・家族です。家族は私たちの社会のもっとも基本的な構成単位ですから、これがバラバラにされることによって、くらしは根底から否定されます。さらに、一つの家族だけでくらしは営まれえません。家族を単位として営まれるくらしが複雑に関連しあいながら共同する「つながり」としての「地域社会」が、私たちには必ず必要です。ですから「地域」とは、単なる行政の単位ではなく、私たちのくらしを強化するためにどうしても必要な仕組みであります。この、家族と地域のつながりを「くらしをささえる条件」と呼んでおきます。

† 行政の責任による条件整備

そして、これら「くらしの中身」「くらしの基盤」「くらしをささえる条件」は、行政の責任で整備される必要があります。とくに、社会的共同生活手段の整備は、私たちの「自助」の能力の及ぶところではありませんので、とくにそうです。高度に発達した現代社会においては、行政の役割はきわめて重要であります。大災害は、行政機能を停止させました。くらしの条件整備という、私たちのくらしにとって不可欠な行政の役割が失われたのであります。

図1　わたしたちのくらしの基本的な構造

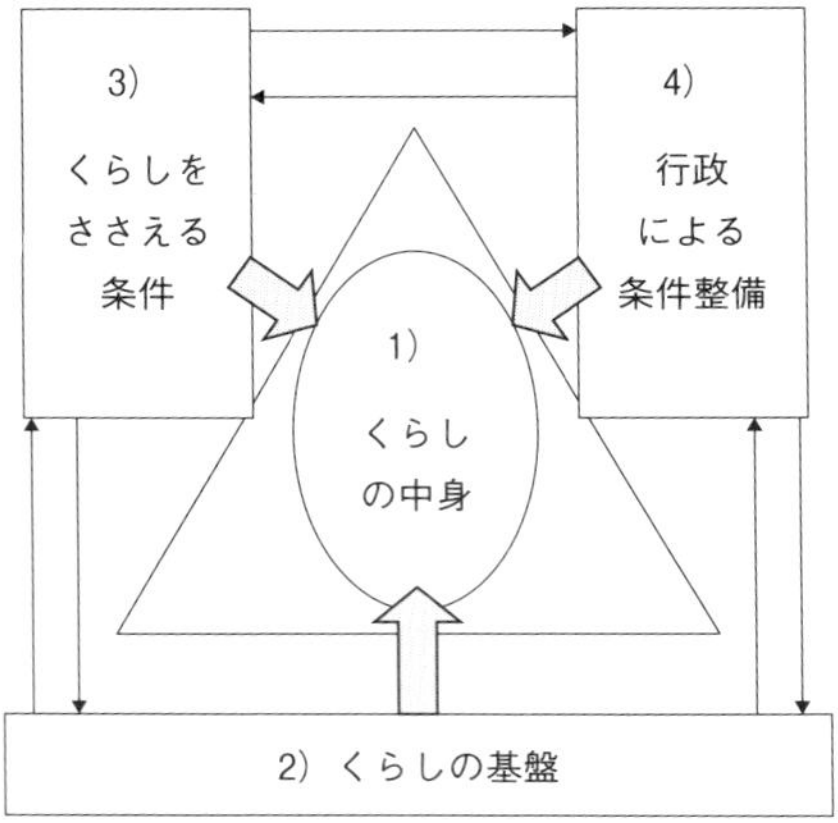

（出所）　三塚武男『生活問題と地域福祉［ライフの視点から］』（ミネルヴァ書房，1997年）55頁，図表2-1をもとに，それを修正して筆者が作成。

以上をまとめるならば、**図1**のようであるといえます。私たちの「くらしの中身」は、「くらしの基盤」（雇用・職場、社会的共同生活手段）、「くらしをささえる条件」（家・家族、地域社会）、そして「行政による条件整備」がそろい踏みしてはじめて維持される、と言えるでしょう（三塚武男『生活問題と地域福祉［ライフの視点から］』ミネルヴァ書房、一九九七年、五四‐五九頁参照）。今回の大災害は、これらすべてを根こそぎ奪い去っていったのです。

3　社会福祉の位置と役割

†「最終的な、最小限の、最低生活保障」としての社会福祉

今回の大災害によって奪われたくらしを回復させるために、社会福祉には何ができるでしょうか。

そのことを考えるためには、社会福祉の、①社会的政策全体に占める位置、と、②社会福祉がくらし

のために果たす役割、とを明らかにしておく必要があるでしょう。

社会福祉は、私たちのくらしをめぐるさまざまな困難（「生活問題」）に対応する、社会的な営みです。生活問題は、病気・障害・老齢・失業・多子など、これらそのものとこれらによって所得を失うこと、またこれらに原因をもつ、怠惰・非行・犯罪・虐待などと、きわめて多岐にわたっています。生活問題はあまりにも膨大で多様すぎます。したがって社会福祉は、生活問題のすべてに対応することができません。社会福祉は、生活問題に対応するさまざまな社会的対応の中で、「最終的な施策」の位置にあり、「最小限の、最低生活保障」としての役割を担うこととなります。

† 社会福祉の前提としての雇用保障と「労働＝社会政策」

では、社会福祉によって対応されない生活問題は、どのような営みによって解決がはかられるのでしょうか。

先に述べたように、私たちのくらしの単位は家・家族と地域社会ですが、そこでくらしが営まれるためには仕事が保障されることが不可欠です。そして、仕事が十分に保障されなかったり不安定なものであったりするならば、家・家族は健全なかたちで存続することがないのです。ようするに、「生活」と「労働」とは密接に関連している、というよりもむしろ、「ひとつの環《わ》」の中にあるといえるのです。

したがって仕事は、「あればよい」というものではないのです。仕事をめぐって必要となるのは以下の二つです。一つ目は、そこから得られるお金（賃金）が、一定の時代と地域におけるくらしを健康に営むことのできる水準でなければならない、という点で、二つ目は、仕事の時間が、くらしの時間を圧迫するものであってはならない、という点です。これらの、適正な賃金水準の決定（のうちの最低基準の決定）と、適正な労働時間（のうちの最長時間の決定）を行なうのは政策の役割です。そしてこれらのいわゆる労働政策が「社会政策」です。もっとも、「社会政策」ということばは、現在ではより広い意味内容を指し示すことも多くなっていますので、ここでは「労働＝社会政策」と呼んでおくこととします。

労働＝社会政策の役割は、上記の賃金政策と労働時間政策だけではありません。なぜなら、いくら適正な賃金と労働時間の水準が政策的に決定されていても、だからといって生活問題が何も起こらなくなるわけではないからです。いくらがんばっても会社は倒産することもあります。いくら気をつけていても病気になることがあります。また、日本は定年制がしかれていて、一定の年齢になると、言葉は悪いですが、強制的に失業させられます。これらの問題と、それらにともなう所得の喪失に、社会保険という方法で対応することが、労働＝社会政策の第二の役割です。

しかし、労働＝社会政策としての社会保険は、生活問題すべてに対応することができません。社会保険は、よく知られているように、私たち労働者だけではなく、雇い主も保険料の負担をします。雇い主の負担は、「社会保険制度によって生活問題を解決することは労働者（労働力）の確保のためでもあるのだから、雇い主も当然その負担をすべきである」という、世界的に認められた原則によります。つまり、みんなが元気に働けなければ企業も儲からないのだから、雇い主もそれ相応の負担をするべきだ、ということです。とはいえ、雇い主・企業が一定水準以上の儲け（「利潤」）を確保することなしに、私たちの現にくらすこの世の中（「資本主義社会」）は成り立ちません。一定の利潤を確保しようとすれば、雇い主に負担させることのできる保険料の水準に限界が生まれます。この限界が「社会保険の経済的限界」と呼ばれます。

こうして、生活問題には、経済的限界によって社会保険では対応できない部分ができてしまいます。この社会保険で対応できない生活問題に対応するのが社会福祉であります。このようなしくみによって、社会福祉は、「最終的な、最小限の、最低生活保障」として、社会保険の足らない部分を補充するのです。これが「社会福祉の補充性」であります。

また、企業は、常に少しでも利潤を増やそうとする傾向にあります。このことによって、「本来ならば企業負担による社会保険で対応できるが、現実にはそうならない」部分ができてしまいます。その、「社会保険で対応可能なはずであるが現実には対応されない部分」を「なんとかする」のも社会福祉の役割です。社会福祉は「最終的な」生活問題対策ですから、これが対応しないと、後ろには何もないからです。これを「社会福祉の代替性」と呼んでいます。

以上のような前提に立つならば、今回の大災害からの回復のためには、社会福祉が果たさなければならない役割が相当大きいと考えられます。雇用も、職場も、地域社会も、丸ごと破壊されてしまったからであります。

しかし、社会福祉は本来、あくまでも「補充策」であります。「ほかにない」からといって、社会福祉にどこまでできるのでしょうか。このことを考えるために、過去の大災害、具体的には、時代は大きくさかのぼりますが関東大震災と、阪神淡路大震災のときの例を参照してみたいと思います。

4　過去の大災害時に社会福祉（社会事業）が果たした役割

† 関東大震災

一九二三（大正十二）年九月一日に、大地震が関東地方を襲いました。大地震は地震そのものによる災害だけでなく、強風による大火災をも引き起こし、関東大震災と名付けられました。大震災は、死亡者一〇万五〇〇〇人、一説では十四万人ともいわれています。大震災に際して、政府は緊急の生活救援対策をもとめられました。

そのころ、社会福祉ということばはまだ部分的にしか使われておらず、かつての慈善事業が発展した営みが「社会事業」と呼ばれていました。この時代に社会事業が成立したのには理由があります。

最大の理由は一九一八（大正七）年の米騒動です。米騒動による国民の生活危機は、政府にとっても脅威でありました。政府も何らかの対応をとらなければならなかったのであります。

したがって、関東大震災が起こったから社会事業が発展したのだとは必ずしもいえません。しかし、ちょうど同じころに成立した多くの社会事業が、関東大震災からのくらしの回復に大きく貢献したことは定説であるといえます。以下、このころに成立した社会事業関連の法令等を列挙することとします。

一九二一年（大正十年）　住宅組合法
同年　借地法・借家法
同年　職業紹介法
一九二三年（大正十二年）　中央卸売市場法
一九二五年（大正十四年）　失業救済に関する声明
一九二六年（大正十五年）　小児保健所設置に関する件
一九二七年（昭和二年）　不良住宅地区改良法
同年　公益質屋法
一九二九年（昭和四年）　救護法制定

一九三二年（昭和七年）　救護法実施

（吉田久一『新・日本社会事業の歴史』勁草書房、二〇〇四年、二二六－二三四頁参照）

前提に戻ってしまうことをいいますが、これらは社会事業、現在でいうと社会福祉であって、労働＝社会政策ではありません。では労働＝社会政策の方はどうであったかというと、一九一一（明治四十四）年に工場法（現在の労働基準法の遠い前身）が、一九二二（大正十二）年には健康保険法（現在の健康保険法の直接の前身）が成立していました。しかしそれらの内容はというと、まず前者は、災害補償規定などは十五人以上が働く工場に適用されたものの、労働時間が保護されたのは年少者と女子のみでありました。また後者も、工場法の適用を受ける工場で働く労働者が加入できただけであって、扶養家族に対する医療費の支給が行なわれないなど、きわめて不十分なものでありました。また、民間労働者一般を適用する年金制度もまだ成立していませんでした（厚生年金保険法の成立は第二次世界大戦中の一九四四年）。

そして、何より重要であるのは、失業保険制度が未成立であったということです。もちろん、社会事業として、職業紹介や失業者救済が行なわれはじめたことの重要性を無視することはできません。また、公益質屋（行政機関が運営する質屋）制度などの経済保護事業がはじまったことも、もちろん重要ではあります。さらには、「救護法」という一九二九年に成立した救貧立法が、財政難を理由とする政府の実施遅延行為にあいながらも、民間人の力による実施促進運動によって三年後に実施にこぎつけたことなど、民間社会事業の当時の力量を示すものとして注目すべきではあります。

しかしこれらのうちの多くは、本来ならば、労働＝社会政策として、雇い主・資本家も応分の負担をして運営されるべきものでありました。したがって、これら社会事業としての失業者救済や経済保護には、おのずと限界があったのであります。

†阪神・淡路大震災

一九九五年一月十七日に兵庫県南部を中心とする地域を襲った「兵庫県南部地震」は、結果として死亡者六四三四人、負傷者四万三七九二人を出すに至ってしまい、「阪神・淡路大震災」と名付けられました。

大規模災害は当然ながらくらしのための建物・道路・鉄道・水道などの「社会的共同生活手段」（「くらしの基盤」）を失わせます。この喪失に対しては、不十分な点も多く指摘されてはいますが、緊急公共事業の果たした役割がきわめて重要でありました。

一方で、くらしそのもの（「くらしの中身」）と、くらしとくらしのつながり（「くらしをささえる条件」）の回復については、ボランティアがきわめて大きな役割を演じました。甚大な災害に際して、私たち自身の力で私たちを困難から回復させようという営み、つまりボランティアはきわめて重要であります。私たちのくらしは、原則として自分たち自身の手・力で営まれなければならない（これを「生活自助の原則」と呼びます）からです。生活は、どこまでも主体的に営まれなければならないのです。

しかしながら、自助には限界があります。主体的に生きるといっても、私たちは原則として、生活に必要な物どもを直接自分たちの手でつくりだすことができません。これは先ほども述べたことです。資本主義社会に生きる私たちは、自分自身の働き・労働をお金という生活手段に換えることによって生きることが原則です。したがって、「主体的に生きる」ことは、働く場（＝「くらしの基盤」）が保障されてはじめて可能となるのです。

阪神・淡路大震災も、今回の東日本複合大災害と同様に、「くらしをささえる条件（くらしの場＝家と地域）」だけでなく「くらしの基盤（雇用と職場）」をも、主として阪神間と淡路島にくらす人びとから奪いました。この災害に投入された多くのボランティアは、社会福祉協議会（社会福祉施設・事業の組織化のために全都道府県と市町村におかれている社会福祉法人［＝民間団体］）などの力によって組織化され、素晴らしい力を発揮しました。兵庫県社会福祉協議会には「阪神・淡路大震災社会福祉復興本部」が設置されました。このことは、広い意味での社会福祉が災害に際して果たすことのできる役割をはっきりと示したといえるでしょう。

また、このときに組織されたボランティア団体が基盤となって、多くのＮＰＯ法人が生まれ、その後の阪神間地域の社会福祉の展開において大きな役割を果たしたことも、社会福祉と災害の関連としては指摘しておくべきことでありましょう。

しかし、社会福祉（ボランティアを含めた、広い意味での）が、「くらし」に対して直接果たすことのできる役割は、少々冷たい言い方に聞こえるかも分かりませんが、ここまでです。社会福祉は、くらしに接近し、くらしそのものを援助・支援することはできます。介護・相談支援・育児・保育などです。しかし、くらしの基盤である「雇用と職場」を、直接その力によって取り戻すことはできないのです。

そこで社会福祉は、私たちのくらしの基盤である「雇用と職場」を取り戻したり構築したりするための、かたい言葉でいうならば「運動」を、「雇用と職場」を提供すべき立場にある者たちに対して仕掛けていかなければなりません。「雇用と職場」を奪われた人たちを代表し、くらしの基盤を取り戻すことを運動・活動によって要求することが社会福祉の役割であり、大災害に際してはその役割がとくに強く要求されるのであります。この役割を社会福祉の「ソーシャルアクション的機能」と呼ぶことができます。

その機能は、今回の東日本複合大災害において、大きな力を発揮したでしょうか。この点については次の節で述べることとします。

5　東日本複合大災害で社会福祉の果たした役割と社会福祉の代替性

†東日本複合大災害と社会福祉・「ボランティア」

今回の東日本複合大災害の被害の甚大さは、阪神・淡路大震災のそれをはるかに上回ってしまいました。それは、いうまでもなく、地震そのものの被害に、津波の被害、そして何といっても原子力発電所事故が重なったからであります。原発事故を、資本主義社会のシステムとの関わりでどう捉えるべきかについては本書の他の章で扱われますのでここでは取り上げません。ここでは、地震と津波によって奪われたくらしに対して、広い意味での社会福祉が何をできたか、あるいはできなかったか、のみに限定し、考えたいと思います。

広い意味での社会福祉が取り組んだのは、今回もやはりボランティアによるくらしそのものに対する救援でありました。そして、阪神・淡路大震災の時と同様に、ボランティアの組織化へ向けての努力もみられました。社会福祉の組織化の役割を担う公益法人は先に述べたように社会福祉協議会ですが、災害復興支援のための取り組みを何もしなかった社会福祉協議会はおそらく全国に一つもなかったでありましょう。

ボランティアによる救援物資の投入は被災者たちの「くらしの中身」の悪化を一定程度食い止めま

した。また、「くらしをささえる条件」の回復のために果たした役割も確認できます。「社会福祉相談支援」を専門とする大学教員・研究者たちが、学生ボランティアを組織し、被災者たちの心の回復に尽力した事例もあります。

†社会福祉はいつまでも労働＝社会政策の代替物でありえない

しかし、ボランティアたちの取り組みの中で、どうしても弱くならざるをえなかったのは、「くらしの基盤」の再建のための取り組みです。阪神・淡路大震災の時と同様に、今「普通である」と考えられている社会福祉的な取り組みだけでは、どうしても「くらしの基盤」つまり仕事・雇用・職場、そして社会的共同生活手段の回復につながりにくいのです。もちろんボランティアたちの買って出た無償肉体労働によって、少なくない道路・鉄道・水道などの社会的共同生活手段が回復した、という例もあります。大きな役割を果たしたことを決して否定するわけではありません。

といっても、これまた阪神・淡路大震災のところでも述べたように、少なくとも現在の社会福祉的な方法によっては、雇用・労働・仕事・職場という、「くらしの基盤」の中でももっとも重要な要素を再建することには、なかなかつながらないのです。雇用・労働の保障に関わる施策は、基本的には労働＝社会政策です。社会福祉がいつまでも労働＝社会政策の代替物であり続けることは、ほぼありえないのです。

そう考えるならば、雇用を地域に取り戻すことを、組織的な「ソーシャルワーク」の実践によって要求していくことが必要です。つまり、社会福祉の力を、労働＝社会政策の拡充をもとめるアクションの原動力にしていくことが必要なのであります。今回の大災害においてもやはり、先に述べた言葉を使うならば「社会福祉のソーシャルアクション的機能」が求められていたでしょうし、現在も求められているでしょう。

しかし雇用・労働・仕事・職場の回復へ向けての取り組みは、社会福祉だけの手によっては続けていけません。その取り組みにおいては、社会福祉と労働組合の手による労働運動との連携が不可欠となるでありましょう（木村敦『社会政策と「社会保障・社会福祉」――対象課題と制度体系』学文社、二〇一一年、一五四‐一五八頁参照）。

何よりも、繰り返しになりますが、生活（生活問題）は労働（労働問題）に規定されます。たとえば、不安定雇用労働という労働問題は、生活設計を困難なものとし、それは、不安・焦燥という社会福祉の対応すべき問題へとつながります。また、長時間労働は、生活時間を圧迫させることに直接つながり、それは家族問題・地域問題という生活問題を引き起こします。さらに、低賃金労働が生活資料を不足させ、不健康・疾病・障害の原因となるというように、例示すればきりがありません。

ですから、大災害においては、「くらしの基盤」がどれほど迅速に回復するかが、私たちの「くらしの中身」がどれほど効果的に回復するかにとっての、もっとも基本的な条件となるわけであります。

6　おわりに

繰り返しになりますが、私たちの「くらしの基盤」の第一は、雇用・労働・仕事・職場です。日本では、雇用と職場を失った労働者のためのセーフティーネットは、もし雇用保険制度という労働＝社会政策の「網の目」からこぼれおちたならば、社会福祉、とくに生活保護しかありません。この、いわば「雇用から生活保護への直通システム」が、私たちの仕事とくらしをゆがめているのです。そもそも、失業は資本主義社会においては必ず発生するのですから、失業に対する社会保険制度である雇用保険制度は完璧なものではありえません。すべての失業に社会保険制度としての雇用保険制度が対応できないケースも当然に考えられるということです。雇用保険制度で対応できないほどの規模に失業が拡大することもありえるのです。一方で、同じく日本では、生活困窮者の約七〇％が生活保護を受給していないと考えられるという推計もあります。この推計をおいても、日本の公的扶助（生活保護制度）の「捕捉率」（条件に当てはまる人が現に制度の適用を受けている割合）は、ヨーロッパに比べてきわめて低いことは、広く認知されています。

もちろん、保護の申請さえ行政機関が拒否することは大きな問題であります。しかし、生活保護制度が、元気で働ける人たちには適用しにくいシステムであることも、当然のことながら事実です。

また、社会福祉がくらしに関わるさまざまな問題に対応するといっても、その実際は、多くの民間の自発的な営み、ボランティアにゆだねられています。その姿は、先に述べた言葉を使うならば、「自助の限界」によるくらしの困難を、もう一回「自助・集団的自助」によって解決させようとしている様子、といえましょう。社会福祉が労働＝社会政策を代替し、さらに、民間の福祉的な営みが公的な社会福祉制度を代替しているのです。肩代わりを何重にも重ねて、私たちのくらしの課題が解決されるとはとても考えられません。そしてそのいわば「肩代わりの重層化」は、今回の大災害によってあらわになったのではないでしょうか。

今回の大災害を教訓として、くらしをめぐる問題を解決するための社会的な施策に関して提起できることは、雇用と生活保護の間に分厚い制度をつくる、ということです。ヨーロッパの多くの国では、失業に対する社会保険制度の下に、失業に対する社会手当制度（これも社会福祉の一部です）を設けています。日本にこれはありません。

もちろん、もっとも重要なことは、働く意思と能力を有する人たち全員に、くらしの基盤として十分な雇用と職場が保障されることであります。しかし、必ず失業は発生するのであるという事実に基づくならば、雇用保険制度で対応できない部分に対応する、公費でまかなわれる失業手当制度の創設が、早急に求められていると考えられてなりません。

参考文献

相澤與一「「原発と震災」と社会政策の課題：国家独占資本主義社会政策論の展開」（『経済』第一九八号、二〇一二年）一三九－一五九頁。

――――『社会保障の基本問題』（未來社、一九九一年）。

木原和美『医療ソーシャルワーカーのための社会保障論：こころとからだと社会保障』（勁草書房、二〇〇七年）。

木村敦『社会政策と「社会保障・社会福祉」――対象課題と制度体系』（学文社、二〇一一年）。

真田是編著『福祉労働者のための社会科学入門』（法律文化社、一九八六年）。

孝橋正一『全訂 社会事業の基本問題』（ミネルヴァ書房、一九七二年）。

成瀬龍夫『増補改訂 総説 現代社会政策』（桜井書店、二〇一一年）。

三塚武男『生活問題と地域福祉［ライフの視点から］』（ミネルヴァ書房、一九九七年）。

吉田久一『新・日本社会事業の歴史』（勁草書房、二〇〇四年）。

第4章　中国の四川大地震とＮＧＯ

張　暁霞

1　はじめに

二〇〇八年五月十二日に中国四川省《しせん》の汶川《ぶんせん》地域でマグニチュード八級の大震災が発生し、短時間に七万人を超す人命が失われ、被災者は四六二四万人にも達しました。大震災の直後から、政府、軍隊、民間組織が協力し、中国で空前の規模の救援活動が展開されました。その中で、多くのＮＧＯが組織され、無視できない力を発揮しました。一九九八年の洪水災害、二〇〇八年の始めごろの豪雪災害での行動ぶりと比べると、ＮＧＯはかなり成長してきたと言えます。多くの市民は、ＮＧＯの救援活動を通して、現代の中国社会におけるＮＧＯの役割を初めて認知したのです。一部の社会学者は二〇〇八年が「ＮＧＯ元年」という言い方すらしています。

このように、中国では大災害を契機としてＮＧＯの活動が芽生えて、政府や企業と並んで、中国社会の大きな担い手に成長しつつあります。

ＮＧＯは非政府組織で、中国語では「民間組織」、「公民組織」とも言われます。その勃興は一九七〇年代末に遡ることができます。改革・開放のもたらした経済、政治、法律などの領域における変容は、中国の民間組織の急速な発展を促しました。現在、各種の民間組織が社会の各方面で活発に活動し、社会主義事業の建設に力を尽くし、積極的な役割を果たしています。とくに、一九九八年の洪水災害、二〇〇八年の豪雪災害、四川大地震、オリンピック大会などの重大な突発事件やイベントにおいて、おびただしい数のＮＧＯ団体が迅速に対応し、社会サービスの担い手としての役割を見事に発揮しました。

本章では、まず、中国ＮＧＯの全体像を明らかにします。さらに、四川大地震において災害復興に取り組んだＮＧＯの活動を追います。最後に、中国ＮＧＯが現在抱えている諸問題を整理し、今後の課題を考察します。

結論としては、ＮＧＯ自体の構造改革と能力向上が、ＮＧＯの今後の発展のための重要な条件であることを指摘します。ＮＧＯが発展するための政治・法律・文化における環境を整備することによって、政府とＮＧＯとの良好な協働関係を築いていくことが求められています。

2　中国社会における政府とＮＧＯの関係

†　改革開放体制と市民社会の発展

中国の改革開放以前の市民社会（Civil Society）は、長期にわたって政治と国家のうちに埋没していました。ようやく二十世紀後半になって、そのダイナミックな運動が始まったのです。改革開放による経済と政治における環境の変化、法律と文化における環境の改善が民間組織の発生を促しました。一九八〇年代から始まった経済体制の改革が、社会主義市場経済を推進し、従来の単一的な集団所有制と国家所有制の構造を、国家・集団・個人の多様な所有形態に変え、生産力を大きく発展させ、人民の生活水準を高めることによって、中国における市民社会が発展するための社会的土壌が整えられたのです。政治においては、政府が法律と法治を重視することで、市民の結社の自由が一定程度の実質的な保障を与えられました。政府の大幅な権力委譲が、国家と社会を一体化から次第に多元化させたのです。市民社会が発展するための相対的に余裕のある環境が創造されたのです。そのうえ、政府の機能が転換し、無限の権力を保持した政府が権力を限定した政府に変わり、政府による経済的・社会的な統治機能が弱まり、市民社会が発展するための広大な空間が築かれていきました。

以上のような中国の社会転換と現代化建設という社会的背景からＮＧＯ団体の勃興を見ますと、Ｎ

GOは伝統的な「臣民共同体」から現代市民社会への移行を仲介する機関だと言うことができます。伝統的な臣民文化の影響を受けて、中国人はお上に服従し、他人に決めてもらうことに慣れ、みずから進んで意見を述べることを慎み、多方面にわたって協議することが苦手で、集団行動に不慣れである、といった傾向がありました。

しかし現在、中国は社会転換と現代化建設の核心的な時期に入っています。現代化とは、伝統社会から現代社会へと大きく転換する過程であり、この過程には、経済の工業化、政治システムの民主化、社会生活における個人主義の形成、思想文化の理性化と世俗化などが含まれています。さらに、市民の自己管理、自己組織、自己奉仕に関して積極的な評価がなされるようになりました。すなわち、自由な結社の形成を通して、平等な市民の間に共同の利益を実現しようとする機運が生まれます。組織の目標を実現するプロセスにおいて、政治文化を現代化することが不可欠であり、政府に消極的で、受動的に依存する臣民文化から、理性的で積極的な参加意識を評価する市民文化への移行が求められています。

しかし、改革開放以来の社会転換プロセスにおいて、個人意識や私的利益意識はたしかに高まったものの、人格の精神的な育成はいまだ未成熟であり、人格にはらまれる協同的な契機の豊富な発展には至っていません。以前と比べると、一人ひとりの個人は独立と自由を獲得しましたが、社会の民主的諸制度の建設がかなり遅れているのです。そのために、諸個人が協同で作り出す公的領域が未発展であり、そのような公的領域への諸個人の帰属感がありません。

ＮＧＯ団体が発展する社会的な背景には、そのような状況があります。一部の「未定型組織」を別にして、中国のＮＧＯには、「上からの団体」と「下からの団体」との二種類があります。「上からの団体」は、中国では「社会団体」と呼ばれる官製の非営利組織で、共産党の指導方針を各界に着実に伝え、各界の反応を党に報告するための組織として、比較的早期に、つまり一九五〇年代から存在してきました。改革開放後になると、ＮＧＯは海外の民間領域とつながりを作るための組織として、常に党と政府の仕事を補完してきました。このようなＮＧＯは、業界の連合会や労働組合、学会・研究会、芸術・科学振興団体がその主流を占めています。

†中国政府とＮＧＯ

一九九八年に、政府機関の改革を始めた中国政府は、「小さい政府、大きい社会」という改革の目標を掲げ、政府機関と事業単位との切り離しを始めました。それ以降、従業員の生活保護や福祉の機能を一手に引き受けていた国営企業の多くが民営化していく中で、福祉サービスを新たに担う民間の事業体が数多く誕生しました。これらの事業体の性質を「非営利」と規定し、「民営の非企業組織」といった制度が設けられました。主に民営の学校、病院、芸術団体、研究会、体育館、福祉団体などが挙げられます。二〇〇四年には『基金会管理条例』が公布され、社会団体、民営の非企業組織および基金会は、政府部門で登録、管理、監督をしっかり受ける「法定ＮＧＯ」とされました。この「法定NGO」の設立に際しては厳しい条件が設けられており、そのために、多くの民間組織は事実上登録から排除されてしまいました。

これに対して、「下からの団体」は、よく「草の根NGO」と呼ばれるように、政府とは無関係に自然発生的に生じたもので、そこには、社団型の形態で登録した団体、企業形態で登録した団体、未登録の任意団体の三種類があります。草の根NGOには「自然の友」、「地球村」、「緑色の友」などの有名な民間組織もあれば、その他の数多くの未登録の任意団体もあります(1)。これらの組織は公的な地位の上では周辺領域に位置していますが、活動は非常に活発で、中国の民間組織のもっとも主要な構成部分になっています。

官製NGOについて言えば、政府の認可を得て、明確な法的地位を保証されているために、優位な立場にあります。その反面で、自立性が弱いという欠点も存在します。政府がNGOの運営を支援し、人材・物資・政策・合法性の面で支持を与え、同時にNGOに対して監督・規制を行ないます。「中国環境科学学会」を例にとると（http://www.chinacses.org/cn/index.html）、その業務管理機関は国家環境保護総局で、組織自身がたびたび三つの自立（経費募集の自立、人員募集の自立、活動展開の自立）を主張しながらも、政府機関が政策の優先課題を決定し、大部分の資金をコントロールしているので、政府の指導から脱却し完全に自立することができません。プロジェクトを円滑に推進するために、政府筋の人物に名誉会長を担当してもらうことが多いのです。それに対して、大部分の草の根NGOは、政府から特別な支援は得られません。その代わり、政府によって直接にコントロールされていないので、常に独自性・自立性を保つことができ、市民とのつながりが密接です。

ＮＧＯの行政管理部署である民政部の最新の統計によると（http://www.chinanpo.gov.cn）、二〇〇九年末の時点で、中国の社会組織は四三万一〇六九団体で、その中で社会団体が二三万八七四七団体で、民営の非企業組織が一九万四七九団体、基金会が一八四三団体です。そこで働く人びとは五四四・七万人で、全国にまたがる組織の大部分が「上からの団体」だということです。民政部門に登録していない団体は、企業として登録もしくは既存の組織に所属する形で活動することが多く、いずれの形態も取らないまったくの「未登録団体」は、基本的には「違法」とされ、政府側がその気になれば、いつでも法に基づいて取り締まることができます。中央翻訳編集局の副局長、北京大学中国政府創新（イノベーション）研究センターの兪《ゆ》可《か》平《へい》主任の推定によると、中国に実際には三百万以上の社会団体が存在していて、年平均増加率は八％－一〇％で、その中には未登録団体が多い、ということです。未登録団体は、合法的な団体と違って、多くの場合その活動が制限されます。

政府は、政府に有利なＮＧＯ活動を支持する一方で、政府にとって不利となるＮＧＯの活動には警戒感を持ち、その活動を抑圧しています。ＮＧＯの組織・運営方式、活動範囲などによって違う管理方法を採用し、しかも、状況によって管理法を調整し、すなわち、「分類管理」を実施しています。それは中国政治の仕組みの特殊性と、ＮＧＯの権力や責任の所在のあいまいさなどに起因していることです。

† 政府によるＮＧＯ政策の歴史

これまで、政府のＮＧＯに対する態度は、三つの段階を経て変容してきたと見ることができます。

第一段階は、新中国成立から改革開放前（一九七八年）までで、新中国の建国以降、共産党の指導方針を各界に着実に伝え、各界の反応を党に報告するための組織として、多くの官製非営利組織が誕生しました。一九五〇年に制定された『社会団体登記暫定規則』に基づき、非政治性が中国民間組織の一つの重要な特徴となりました。

第二段階は、一九七八年から一九九八年までで、一九七八年から始められた改革・開放政策の中で、国営企業の改革が進められ、それまで提供していた社会保障、住宅供給、保育所、医療などの社会サービスの切り離しが進められました。代わりに、社会サービスの担い手として、民間の非営利組織である「社会団体」が急速に発展するようになりました。当時は、民間組織の登録・管理に関する法案が不備であったため、中央政府と国務院は、一九八四年十一月、全国的規模の社団を厳しく制限する通知を発布しました。それによって、全国的規模の社団の氾濫が制限されましたが、地方の小規模の社団は発展しました。一九八九年前後、国務院が『社会団体登記管理条例』、『基金会管理規則』、『外国商会管理暫定規定』を公布して、民間組織の登録・管理権限を民政部門に移譲したため、民間組織の発展が法制化路線を歩むようになりました。政府の権力委譲、市場開放により、草の根ＮＧＯ

が大量に出現したのです。

第三段階は、一九九八年から現在までで、政府はＮＧＯを規制するために、一九九八年に『社会団体登記管理条例』を改正し、『民間非企業単位登記管理条例』を発布しました。そのほか、一九九九年『中華人民共和国公益事業贈与法』、二〇〇二年『中華人民共和国民営教育促進法』、二〇〇四年『基金会管理条例』が相次いで発布され、民間組織に対する管理は制度化、規範化の道を歩み始めました。それ以降、草の根ＮＧＯに対する政府の態度も「黙認」から積極的にその価値を利用するものに転換し、ＮＧＯと協力するケースも現われるようになりました。

二〇一一年三月、第十二次五か年計画で、「民衆組織と社会組織の役割を発揮させ、都市部と農村部のコミュニティー組織の自治とサービス機能を高め、社会管理とサービス能力を育成する」、「社会組織を育成・扶助し、法律のもとで管理し、コミュニティー管理・サービスに参加するよう促す」（『人民日報』二〇一一年三月十七日）といった方針が定められました。

二〇一一年下半期から、民政部が社会団体の登録についての規制を緩和させ、工商経済系、公益慈善系、社会福祉系、社会サービス系の社会団体の登録制度を今までの二重管理体制[2]から登録・管理一体化に変更すると公表しました。その四種類の社会団体の登録は、それ以降、業務管理部署を決めずに、現地の民政局に直接登録できるようになりました。北京市、上海市、広東省では、すでに新しい登録制度を試行しています。政府が民間組織に対して加える規制は、厳しい登録審査から厳しい監督・管理へと転換し始めたのです。

3　四川大地震への取り組み

† 高まるＮＧＯの存在感

二〇〇八年五月十二日に中国四川省の汶川地域で大震災が発生した直後に、多数のＮＧＯが大がかりな救援活動に乗り出しましたが、地震発生の約半年後に、救援・応急避難の段階を経て、復旧・復興の段階へと移行する中で、ＮＧＯの取り組みはさらに大きな役割を果たすようになりました。この復旧・復興の段階になると、被災者の住まいや暮らしの迅速な回復が第一義に置かれました。それだけ複雑で困難な復旧・復興活動になると、政府はたしかに復興作業の絶対的な主力であるとはいえ、政府のカバーできない分については民間の資源を動員し、民間の力を借りなければなりません。

二〇〇八年八月、政府は『四川大地震復興再建総体計画』を定めて、復興計画の全体像を提示しました。その中で、「自力更生と社会扶助を取り併せる」、「政府主導と社会参加を取り併せる」などの基本方針を定めました。政策面における支持を受けて、ＮＧＯの復興、支援活動はますます勢いを増していきました。

二〇〇八年六月五日に、清華大学媒介調査実験室は、Net Touch などを利用して、「ＮＧＯ組織による四川大地震の地域再建への参加形態とその宣伝効果に関する調査」を実施しています。有効回答が五七九〇名に達したこの調査によると、七二％の回答者が、救援・復興段階において、政府とNGOとの協力が必要であると答え、九〇・二％の回答者が、将来の重大な突発事件においてNGO組織の役割がますます大きくなると信ずる、と回答したのです。調査結果によると、復旧・復興段階における民間組織の参加の機会は緊急救援の段階よりずっと大きいと評価されており、その活動領域は主に教育、心ケア、孤児扶養、社会福祉機構の管理などに集中しています。そのほか、地域再建活動における監督や民意の情報収集、知識面でのサポートなども民間組織の重要な役割と考えられています。非政府組織に対する人びとの信頼感が明らかに高まっているのです。調査結果では、NGOの改善すべきところも提示されました。救援段階における民間組織の活動は安定した広がりを見せていますが、長期にわたる宣伝を持続して続けることができないため、NGOは独立した第三者としてのプロジェクト実行力に欠けているとの意見がありました。そのために、市民と政府機関がNGO組織の能力を正確に評価しにくい、という問題が指摘されたのです。

† NGOによる復興支援活動への取り組み

復興段階におけるNGO全体の役割がいかなるものであったのかを把握するために、西南財経大学社会福祉学部の調査データ（葦克難ほか、二〇一〇年）を利用して、その実績を考察してみましょう。二

表1　NGOの種類（N＝149）

種類	団体数	比率（％）
事業単位*（大学を含む）	39	26.2
民政部門で登録した組織**	40	26.8
企業形態で登録した組織	6	4.0
未登録のボランティア組織	38	25.5
境外ソーシャルワークサービス組織	20	13.4
そのほか	6	4.0

（注）*国家が社会公益目的のため，国家機関により運営あるいはその他組織が国有資産を利用し運営するもので，教育・科学技術・文化・衛生などの活動に従事する社会サービス組織です。

**民政部門で登録した組織の一部は草の根NGOです。企業形態で登録した組織と未登録団体のほとんどは草の根NGOです。

〇〇九年七月－八月の約二十日間に、西南財経大学社会福祉研究チームの関係者は十のグループに分けて、アンケート調査と対談法を通して、四川省の三十九箇所の地で活動しているすべてのＮＧＯに対して、調査を行なっています。同時に、緊急救援と復興活動に参加したＮＧＯ（約三百団体）の目録を収集し、電話、メールでアンケート用紙を配り、連絡の取れなかった組織と無回答だった組織を除いて、全部で一四九部の有効回答用紙を回収しています。それらのＮＧＯの種類については、**表1**のとおりです。

調査結果では、約四分の一の団体が未登録だということが分かりました。ＮＧＯが独立機構か、付属機構かについても調査しています。一四七団体が回答しましたが、そのうち九一団体（六一・九％）は独立機構で、五六団体（三八・一％）は他の機構の付属機構でした。

活動分野（複数選択可）については、一四九団体が回答しています。教育と心的ケアはもっとも注目される分野で、その二つの分野に注目するNGOは、全体の六一・一％を占めていました。この二つの分野は、被災者のニーズを反映していると同時に、NGOが比較的取り組みやすい分野であることも一因だったようです。過半数（五一・七％）のNGOは、地域コミュニティーの発展に力を入れています。衛生、生計と就職、文化と芸術、生態環境、住宅の分野に注目するNGOは、それぞれ三二・八％、三二・五％、二六・八％、二〇・一％、一二・一％ありました。

次に、提供した主なサービス（複数選択可）については、一四九団体が回答しています。半分以上のNGOは、主に児童・青少年にサービスを提供しています。家庭訪問は五一・七％で、心的ケアは五一％です。ほかは、主に物資寄贈（四五・六％）、お年寄りサービス（四三％）、被害状況の調査（四二・三％）、技能教育（三六・九％）、婦人援助（三四・九％）、救済物資の配分（三二・九％）などの分野に集中しています。一四九団体の中で、一二六団体は多様なサービスを提供するのに対して、二十二団体は単一のサービスを提供し、一つの団体が無回答でした。

NGOの専従スタッフの割合については、一四八団体が回答しています。二〇・九％のNGOは専従スタッフがいないということです。六〇・八％のNGOの専従スタッフは十名以下です。一八・三％の団体は十名以上のスタッフがいる、と答えています。

被災地における支援活動の開始時期については、一四三団体が回答しています。地震前から活動している団体はわずか三・五％で、過半数（五五・九％）のＮＧＯは二〇〇八年五、六月から救援活動を開始したようです。二〇〇八年七月－十二月から開始したのは二十二団体（一五・四％）で、二〇〇九年一月以降に開始したのは三十六団体（二五・二％）です。

被災地での支援活動の期間については、一四四団体が回答しました。**表2**で示すように、大部分のＮＧＯの活動期間が長期にわたって行なわれています。調査実施の二〇〇九年八月まで被災地で社会サービス活動をなお展開している団体は一一五団体となっています。

表２　支援計画の期間（N＝144）

支援計画の期間	比率（％）
無し	15.3
1か月～6か月	16.7
7か月～12か月	10.4
13か月～24か月	12.5
25か月～36か月	14.6
37か月以上	30.5

ＮＧＯの活動資金の主な出所（複数選択可）については、一四九団体が回答しています。自己資金調達の割合が一番高く、三七・六％を占めています。次は国内基金会による寄付金（三〇・二％）、個人寄贈（二七・五％）、国際基金会による寄付金（二六・二％）、上級機関の割当金（二一・五％）、政府の割当金（一八・一％）です。ただ、自己資金調達という方式にはどんな調達方式が含まれるかについては、提示されていません。

資金の出所のほか、ＮＧＯが被災地に投下した資金額については、一四八団体の中で、四五・三％のＮＧＯの投下した資金額が一万元以下でした。十分な経費がないため、財政難の状況にあることが分かります。一四・九％は一－一〇万元で、九・五％は一〇－三〇万元で、残りの三〇・四％についてはＮＧＯの投入した経費が三〇万元を超えていました（表3）。

表3　被災地に投入した資金（N＝148）

資金総額	団体数	比率（％）
1万元以下	67	45.3
10万元以下	22	14.9
20万元以下	8	5.4
30万元以下	6	4.1
30万元超	45	30.4

援助プロジェクトの実施結果に関する監査と評価については、一四九団体の中で一二六団体（八四・六％）が普段の仕事を評価しているのに対して、二十三団体（一五・四％）は評価していない、ということでした。そして、六五・八％のＮＧＯは、実施状況を定期的に監査しており、一八・一％は時々監査して、残りの一六・一％は監査していない、と回答しています。

被災地で直面した問題点（複数選択可）については、**表4**のとおりです。一四九団体の中で、過半数の組織は経費不足の問題を抱えていることが分かります。次に多い順にみると、人的資源の不足（三八・九％）、ＮＧＯ相互の資源統合の乏しさ（三四・九％）、仕事場の不在（二八・九％）、専門的な知識の不足（二八・九％）、地元の関連部門との協力の不足（二二・八％）、政策・法規の不明（二一・五％）などが挙げられます。ＮＧＯの発展を推進するためには、資金面の支援のほかに、人的資源や専門的な知識などの方面において政府の協力が不可欠であることが分かります。

表4　直面した問題（N＝149）

問題点	比率（%）
経費不足	53.7
人的資源の不足	38.9
NGO 同士の資源統合が乏しい	34.9
専門的知識の不足	28.9
仕事場がない	28.9
政府の関連部門と協力しにくい	22.8
政策・法規の不明	21.5
市民に認められない	3.4
内部管理に問題がある	2.7
その他	4

† アンケートが語るNGOの特徴

データから見られるように、今回の復興段階において、ＮＧＯの支援活動から以下のような特徴がうかがえます。

第一に、ＮＧＯのサポート事業は幅広く、サポート対象が多いのです。にもかかわらず、資金が不足する、専門性の高い人材が足りない、再建支援の経験に乏しい、などの問題点を抱えているため、長くやり続けたくても、多くの草の根ＮＧＯが被災地で長期間にわたって社会サービスを提供できない状況にあることが分かります。

第二に、全体から見れば、ほとんどの団体は規模が小さく、専従スタッフが少なく、短期ボランティアが多いのが実情です。調査結果では、約八〇％の団体の構成員は十人以下にすぎません。

第三に、緊急救援の段階では、被災地で支援活動をするＮＧＯは多かったのですが、主に物資援助、心的ケアの援助に集中し、専門なソーシャルワークサービスは少数でした。それに対して、復興段階になると、NGOの数は減少しましたが、ソーシャルワークサービスに取り組むNGOがしだいに増えています。

†地域社会の再建におけるNGOの役割

地震の発生から四年が経過しました。災害救援、緊急対応の段階を経て、地域社会（コミュニティー）を再建する段階に入りました。たくさんのNGOがコミュニティーの再建に力を入れ、被災者の能動的な自治意識の育成を重視しています。一部のNGO組織がコミュニティーの近くに活動拠点を置き、村民と共に生活しています。「NGO防災センター」、「心航ソーシャルワークステーション」などがそれです。

①NGOによるコミュニティー再建への参加事例

「NGO防災センター」は、開設時（二〇〇八年六月）から漢旺鎮《かんおうちん》コミュニティーの隣にテントを建てて暮らし始めました。被災者の日々の生活に必須の援助を行なう以外に、毎日、被災者の家庭訪問を行なってきました。被災者の現状やニーズを把握するために、村民と一緒に働き、休憩時に一緒にタバコを吸ったり、酒を飲んだりしながら、雑談をします。「新生映画館」を開設したり、交歓パーティーを開いたり、図書室と児童活動室を開設したりして、被災者が互いに交流できる公共空間を作り、いくつかの娯楽・文化活動に取り組んできました。その他、被災者コミュニティーの団結を促し、コミュニティーの資源と力を引き出すために、防災センターは、「被災者ボランティア・サービスチーム」を組織しています。そのチームには、図書室の書籍の整理、新生映画館の掃除や整理整頓、新参ボランティアに対するコミュニティーの案内などの仕事が委ねられました。被災者ボランティアの出現は、コミュニティーの人びとの助け合いと協力を大きく促進するようになっていきました。また、それまではもっぱら助けられるだけの受動的存在であった被災者の中に、能動的な「公民意識」(3)が育くまれたのです。就職サポートの一環として、防災センターはクロスステッチ・プロジェクトや家畜飼育プロジェクトなどの起業教育講座と起業資金支援のプロジェクトに取り組みました。

その活動は、次第に政府や被災者の信頼を得るようになり、漢旺鎮のほか、綿竹《めんちく》、崇州《すうしゅう》、什邡《じんほう》などにも相次いでプロジェクト・オフィスが設立されるようになりました。

二〇一〇年七月には、南昌《なんしょう》航空大学文芸学部ソーシャルワーク専攻の教員と学生による「心航ソーシャルワークステーション」が被災地の徳勝鎮《とくしょうちん》で設立され、一対一のコミュニティー再建支援活動を開始しています。最初は、「心航」のスタッフが住民を訪問し、家庭状況、被害状況、援助状況を把握し、住民のニーズを聞いてから、援助の対象を決め、それぞれの個別事案として支援計画を立てました。住民に政府の再建計画、進展状況を紹介しました。地震発生後、一部の住民がほかの村に移住し、地域の人間関係が変化したので、住民、とくに未成年者は精神的に不安定になりました。そのため、「心航ソーシャルワークステーション」は、村の青少年を対象に心的ケアの援助活動に取り組んでいます。

政府による地域再建活動には、被災耕地・道路・施設の復旧、新しい村の建設、被災者の安定した暮らし、救済物資の配分など、多くの取り組みがあります。鎮と村の幹部たちは、普段の仕事があまりにも多いので、村の住民の生の声を聞く余裕があまりありませんでした。ステーションのスタッフたちがその空白を補って、住民と政府との交流の架け橋となったのです。ステーションが鎮政府に信頼されることで、地域再建政策の情報がタイムリーに入っていくようになったのです。住民向けのインタビューを通して、ステーションが村の問題点を全体的に把握することができるようになったのです。通常は、難題にぶつかると、村の幹部も住民も、政府機関あるいは親友から支援をもらおうとします。ほかのルート（社会団体、基金会など）から資金援助がもらえるとは思っていませんでした。それに、多くの住民は自立しなければならないと分かりながら、政府がどこまで援助してくれるかと疑問をもって、今後の生活をすごく心配しています。住民だけではなく、被災地の幹部たちに対しても、心理的な援助が必要になっているのです。幹部たちは普段、仕事が多く、休みがなく、住民に誤解されることがあるので、ストレスがたまっています。精神科の専門病院に診断してもらう必要も出てきます。

②ソーシャルワーク実務のモデル

コミュニティーの再建活動は経済、生活、文化、心理の再建など多方面に関わっており、多大の時間を要する仕事です。政府主導と住民主体のもとで、民間組織の力を借りなければなりません。そんな複雑で重要なプロジェクトにおいて、ＮＧＯ組織がどのような形で地域コミュニティー再生の道筋をつけることができるかについて検討すべきです。

第一ステップは、資金援助を強化し、正常な生活秩序を回復させることにあります。

具体的には三つの課題が上げられています。その一つ目としては、外部からの援助物資を募集することが課題となっています。多くの被災者が地震で財産を失ったので、民政部署の仕事に協力し、救援物資の配分を手伝い、被災者の誤解や不満を解消することがＮＧＯにとっても基本的な役目となっています。外部資源をもっとも必要とする人びとに配ることも大切です。そのプロセスにおいて、ＮＧＯは物資の供給者でも直接な配分者でもなく、ただの仲介者の役割を果たすだけです。つまり、援助物資をコミュニティーの委員会に渡し、委員会のスタッフの手で被災者に配分してもらうように配慮されています。たとえば、「上海ソーシャルサービスチーム」は、都江堰《とこうえん》において、物資配分のために似たようなプロジェクトを何回も行なっています。復旦大学サービスチームは、上海嘉定《かてい》区馬陸《ばろく》鎮《ちん》の官庁の仕事を手伝い、真冬の直前、都江堰城北馨居祥園《とこうえんじょうほくしんきょしょうえん》の住民に数百枚の布団と冬物の配布に協力しています。各社区（草の根部分の地域社会を構成する住人による自治組織）、あるいは臨時住宅地には、官製の管理機関（管理委員会）と住民自治組織（住民委員会）があります。被災後、新しく設立されたので、その仕組みとシステムが熟するまでには、だいぶ時間がかかります。そこで、もしも、ソーシャルワーカーたちが仲介者以上の仕事をやってしまったら、住民委員会と管理委員会の事務に干渉することになり、社区自身の組織機能が弱くなる可能性をもたらし、ソーシャルワークの「自助能力の育成」という根本的な趣旨に背くことになります。

二つ目の課題としては、被災地住民の就職の機会を探し、職業訓練の機会を提供し、被災者の生計を立てることが掲げられています。ソーシャルワークチームが外部の人材需要をコミュニティーの住民に知らせるほか、生活に困っている住民に仕事を紹介したり、職業訓練サービスを提供したりして、被災者の自立を助けています。たとえば、ＮＧＯ防災センターが漢旺鎮で起業教育講座と起業資金支援のプロジェクトを行ない、起業意欲のある住民に無利子で融資することも行なっています。それに加えて、コミュニティーの女性たちを対象にクロスステッチ・プロジェクトを実施しました。センターは住民の作ったクロスステッチを引き取り、都市の店舗に送り、販売しているのです。

三つ目の課題としては、イベントを行ない、コミュニティーの求心力を高めることが図られています。地震のため、多くの住民は住み慣れた土地を離れ、新しいコミュニティーに集まりました。住民たちが早くお互いに親しむようになり、コミュニティーの求心力を高めるために、時々交歓会、運動会、ギョーザパーティーなどを行なっています。イベントを行なう時、歌わせたり、踊らせたりするだけでなく、住民の期待やニーズに応じて、彼らの参加意識を呼び起こすことにも常に留意されているのです。単に被災者に娯楽の場を提供するだけではなく、コミュニティーの被災者たちが交流する場を提供する配慮がなされています。それにより、コミュニティーの自立した運営を促進することができるのです。

第二ステップとしては、被災者のニーズの変化に対応して、外部の社会的資源をコミュニティーの内部に取り入れる試みがなされています。一つの団体だけの力では限界があります。ほかのNGOの力をコミュニティーに導入して、より専門的なサービスをより多く提供することができるのです。南昌航空大学の「心航ソーシャルワークステーション」を例にとると、スタッフは徳勝鎮の一部の幹部たちに精神障害があることに気づき、精神科の専門病院に診てもらうよう配慮しています。「NGO防災センター」も「Give2Asia」というアメリカの財団からの資金援助によりいくつかのプロジェクトを実施できたのです。

また、現地の文化資源を利用し、「身体、心理、精神」の三つのレベルで被災者の心の再建に取り組むことも大切だと考えられています。たとえば、都江堰地域の住民には、武術（太極拳、八段錦《はちだんきん》）の練習をする習慣がありました。現地のソーシャルワーカーが被災者に精神治療を実施する時、武術の方法を利用して、良い効果を収めたのです。

第三ステップでは、現地のコミュニティーに溶け込み、その自立を促進する配慮がなされています。

日々の生活に必須の援助を行なう以外に、住民の能動性、参加意識を喚起することも大切です。NGO防災センターは「被災者ボランティア・サービスチーム」を組織し、児童活動室の設営と整理整頓、臨時トイレの設置などの仕事については、その被災者ボランティア・チームに任せることにしました。被災者ボランティアの出現により、被災者の中に、能動的な「公民意識」を育むことに成功したことが確認されています。

中国人は、これまで長い間、深く考えもせずに、中国政府のことをひたすら信頼し、政府に服従してしまうという傾向が強かったのです。地震発生直後には、政府の救済ばかりに頼る人がいたるところにいました。ソーシャルワークの究極的趣旨は、「自助能力の育成」ということにあり、被災者を助けるだけではなく、苦難を乗り越えるのに必要な資源を開発し、被災者自身の能力を育てることにあります。NGOの支援活動では、「普通の人々」の「社会の一員」としての能動性を引き出そうとしているのです。たとえば、ソーシャルワークステーションが実施した技能育成スクール、就職サポートや交歓パーティーなど、一見簡単な活動ですが、これら小さなことを「政府ではなく、私たちが自分でやる」という観念を村民に自覚させることができれば、このような意識が少しずつ、民衆の心の能動性を掘りおこし、活かすことができるのです。それこそNGOの重要な役割ではないでしょうか。

4　NGOの問題点

†いまだ弱いNGO

五・一二地震の直後から、国内外のNGOやボランティア団体も素早く救援活動に立ち上がりました。数多くのNGOが救援・復興活動に参加しました。それらのNGOは、設立の背景も、政府との関係も、さまざまです。国際的活動を展開するNGOもあれば、国内の特定地域に根ざした活動を行なうローカルなNGOもあります。また、政府と密接な関係にあるNGOもあれば、政府からの独立性を標榜するNGOもあります。このような個性に満ちた多数のNGOが、四川大地震の被災地救援・復興という共通の目標に向かって力を結集した事実は、たんに今回だけの救援・復興にとどまらず、中国における市民社会の拡大を促進していく可能性を秘めていると言えます。

しかしその一方で、NGOの力がいまだ弱くて、影響力が低いことも無視できません。中国には既登録と未登録の民間組織は大量に存在していますが、中国にNGO、非政府組織が存在していること自体を知らない人たち、あるいは、NGOがいろいろな分野で役割を果たしていることさえ知らない人がいまだにたくさんいるのです。民間が寄贈した資金額を見ると、中国NGOはまだまだ弱いと言えます。『中国民政部二〇〇九年度中国慈善寄付報告』によれば、二〇〇七年における国民一人当たりの寄付額は二・五元（〇・三九ドル）で、二〇〇八年は三四・六六元（五・四四ドル）で、二〇〇九年は五・一元（〇・八ドル）にすぎません。二〇〇七年における中国の寄付金の総額は三〇九億元で、GDPの〇・一三％を占め、寄贈史上の最高額となった二〇〇八年（総額八六一・一六億元）ですら、わずかにGDPの〇・四％を占めたにすぎませんでした。

† 政治・法律面の環境の未整備

NGOの数は多いのですが、それぞればらばらに行動しているために、一体となって国の第三部門（the third sector）としての役割を果たすことができない状況も続いています。その原因は組織自身の未成熟のほか、国家の政治、法律面の環境の未整備と深く関わっています。

第一に、中国の民主制度づくりがまだ始まったばかりで、NGOとの情報交換や資源共有のルートができていません。具体的にいえば、一つには、住民の要求を吸い上げる政治的ルートが狭く、市民と民間組織が政府関連部署に意見を反映する有効なルートがありません。二つ目に、国家の戦略・政策決定の透明度が低く、市民と民間組織が必要な情報を入手するルートができていないのです。三つ目に、社会公共問題を解決する方法がきわめて非効率なことを指摘しなくてはなりません。

そのような政治環境にあるために、政府はNGOの状況を十分に把握できず、その運営を有効に監督することができないのです。一方、NGOの真の要求を政府システムに取り入れることができなければ、ＮＧＯと政府との良好な協働関係は築けません。

第二は、中国の法整備が不完全なことです。非営利組織についての専門の法律はいまだに制定されていません、つまり、政府と非営利組織との関係が法律上、公式に定められていないのです。既存の法規や条例は不十分で、内容が乏しく、ＮＧＯの発展の現状にそぐわないところが多くあります。法律上では、一九九九年に発布した「中華人民共和国公益事業寄贈法」と、一九九三年に発布した「中華人民共和国赤十字会法」があります。そのほか、「民法通則」、「合同法」の中で、事業単位、社会団体の資格について規定されています。ＮＧＯに関する法令および管理体制は、一九九八年に修正された「社会団体登記管理条例」、「民間非企業組織登記管理条例」、「基金会管理条例」、「外国商会管理暫定規定」だけで、これらの法令はＮＧＯそれ自体を監督・管理する法律、法規はありません。したがって、現在の中国の実情に沿うように、ＮＧＯ管理・運営・緊急災害対策などに関する基本法律、行政規則、実施細則を早急に発布することが必要なのです。

一部の地方政府関連部署は、ＮＧＯが発展すると国の政治と経済の基礎を動揺させるという懸念を抱いています。そのために、登録・管理・監督・優遇税制が厳しすぎて、各部門の間に矛盾した関連規則さえ存在しています。しかも、関連の法案、規則の制定が遅れており、新しい情勢に適応できていないのです。

†　ＮＧＯ自身の問題

ＮＧＯ自身も、専門的な技術・技能不足、資金不足、優れた人材の不足などの問題に直面しており、ＮＧＯセクターの環境はいまだ十分に整備されているとは言えません。四川大地震の救援活動に関して、国際ＮＧＯと中国本土のＮＧＯを比べてみると、専門化、システム化、経験などの点で両者に大きな開きのあることが明白です。救援活動を有効に展開するために、多くのスタッフが他の有力なＮＧＯに付いたり、個人のボランティアになり、各団体それぞれの優位性を発揮することができなかったのです。ここでは、三つの問題点を指摘しておかねばなりません。

第一に、ＮＧＯの活動資金の不足は、中国ＮＧＯが現在直面している最大の難題です。清華大学ＮＧＯ研究センターが二〇〇〇年に全国一五〇八団体を対象にアンケート調査を行ないました。その結果が張強《ちようきよう》と余暁敏《よぎようびん》による分析で紹介されています。四一・四％の団体は資金不足で運営が困難だ、ということが明らかになっています。地震の復興段階においても、資金がないために救援作業を中止してしまったＮＧＯが多くありました。国内のＮＧＯには寄付金を公開募集する資格がないので、基金会から資金をもらう方法が一番多く採用されています。しかし、基金会の数は少ないので、競争が激しくて、十分な資金の確保が困難なのです。政府機関、企業から資金をもらう方法もありますが、団体の規模、性質、プロジェクトの執行方式、目的などが制限されることが多いので、小規模のＮＧＯにとってはかなり難しいのです。

資金調達の難しさが、人材確保にも影響を及ぼしています。復興段階では、臨時に組織されたNGO連合体のほかに、ほとんどの草の根NGOは、専門性の高い専従スタッフが足りずに、やむを得ず解散してしまったケースも少なくありません。有給の専従スタッフが少なく、多くのボランティアに支えられているのが現状です。しかも、彼らの給与水準は平均して大学生の初任給レベルです。したがって、平均年齢も低く、経験不足の若い人が多いのです。また在職年数も短く、専門性や継続性に欠けています。スタッフやボランティアたちは慈善精神で結ばれた仲間ですが、待遇などの雇用条件があまりにもひどくなったら、頻繁な交代は免れません。その状況が続くと、NGOとしての発展は悪循環に陥ってしまいます。

優秀な人材を獲得しにくく、スタッフの交代が頻繁である理由は、待遇などの雇用条件が劣っているほか、NGOの人事管理システムにも問題があると言われています。専従スタッフの育成は、基本能力の教育と専門業務知識の教育に分けられています。基本能力の教育には、ボランティア精神、コミュニケーション、プレゼンテーション、リーダーシップなどが含まれます。専門業務知識は、担当業務によって異なりますが、財務会計、危機管理、労務管理、中長期計画の策定、業界動向、関連法規、プロジェクト・マネジメント、広報、資金調達などが挙げられます。それに、管理職、専従スタッフ、非常勤スタッフ、ボランティアの仕事に対する評価、激励メカニズムが導入されなければなりません。しかし、実際にほとんどの小さな草の根NGOは、そのような完備した人事管理システム、評価・激励メカニズムを整えることができていません。

第二に、ＮＧＯの信用度が低く、社会監督のメカニズムができていないことが挙げられます。日常の寄付募集活動では、政府動員の要素を帯びており、みずから進んで寄付する人が少ないのです。コミュニティー住民が援助を必要とする場合、「国が弱者層に援助を提供する」と考える人が多く、ボランティア組織を優先的に選択する人はほとんどいないのです。品物や資金を寄贈したい時は、やはり中国赤十字会、慈善総会、貧困扶助基金会などの官製慈善組織に寄付することが一般的です。これは、寄付制度や寄付文化の欠如、公益団体の公共信用度の低さと関連しています。

清華大学ＮＧＯ研究所が二〇〇一年に行なった研究では、七五％のＮＧＯが年度財務報告をしていますが、社会監査を受け入れている組織は一五％未満にすぎませんでした。「中国公民社会指数（ＣＳＩ）実地調査報告」の調査では、利害関係者が言及した二四八組織の中で、七三・四％の組織が財務公開を実施しており、一二％が非公開でした。

慈善活動組織が透明性に欠ければ、市民からの信頼を失うことになります。そのため、草の根ＮＧＯは社会的なチェック・メカニズムを完備し、市民に財務・業務・管理などの情報を公開し、独立した財務・会計システムを作り、内部監査と外部監査を同時に実施し、一般市民からの監視を受けるようにすべきなのです。

第三に、ＮＧＯの組織の行動理念が普及していないことを指摘しておかねばなりません。ＮＧＯの行動理念の普及には、二つのレベルの意義が含まれます。一つは組織内部における実践の価値理念であり、二つ目はより広範な社会の領域でこれらの理念を提唱し推進することです。

NGO活動の存在を周知させること、これを広範に伝達していくことが検討されなければなりません。その伝達の担い手はNGO自身にほかなりません。現在、ごく少数の草の根NGOは日常の活動をホームページで公開していますが、多くの小規模のNGOの活動は一般市民に知られていません。先進国のNGOの間ですでに広がっている「ソーシャルマーケティング（社会志向的マーケティング）」という概念は、中国ではいまだ普及していません。実は、ネット・新聞・雑誌といったマス・メディアによる広報は、イベントへの参加、新たなドナーの発掘など、そのコストをはるかに上回る利益をNGOにもたらすことができるのです。NGOにとって、ソーシャルマーケティングは不可欠な戦略で、かつプロジェクトの進行を推進する有力な道具だと中国でも考えられています。そのため、NGOの行動理念・方針を一般市民に普及させ、市民からの支持・信頼を得ることがNGOの持続的な発展にとってきわめて大切なのです。

現在のところ、NGOが社会全体に向けて、組織の内部の価値観をパブリック化する行動は比較的に少ないのが実情です。NGOは現在、行動の重点を組織の価値観の構築と普及に置いてはおらず、社会に対する価値観の推進に力を尽くす組織はいまだ非常に少ないと言えます。清華大学NGO研究センターの調査「Civil Society 組織のキャンペーン活動の比較」では、NGOが全社会に向けてそれ自身の価値観を推進する行動が多くない前提のもとで、その実施効果については、否定的な態度（「限られている」と「不明確」）を示す比率のほうが、肯定的な態度（「中ぐらい」と「顕著」）を示す比率より遥かに高いことを明らかにしています。

5　政府との良好な協働関係の構築

†　政府とＮＧＯの行政吸収型関係

中国では、政府の力が強大です。四川大地震における政府の救災活動からも明らかなように、もっとも大量の物資と人的資源を、迅速かつ確実に動員できるのは政府です。総じて言えば、中国では政府が一貫して主導的地位にあり、したがってＮＧＯはいまだ自己の生存と発展の空間を自主的に選択し切り開く能力をもちあわせていません。基本的には「遺漏や欠如を補う」、つまり政府機能の変化によって残された空間を補填するという地位にあります。

政府との協働事例から見れば、現段階では、両者は行政吸収型の関係です。地震発生後、政府からの呼びかけもなく、制度化された参加ルートもなく、ＮＧＯ組織が自発的に被災地に赴き、救援活動を展開するのです。法律上では、責任と義務の限界がはっきり規定されていないので、ＮＧＯの参加空間はしばしば排斥されました。しかも、ＮＧＯは統一的な行動計画と制度的保障がないために、重複したサービスの提供、力の分散などの問題点がよく出てきます。

†政府とNGOの新しい協力関係

中国のNGOと政府との関係性を築き上げていく道筋として、賈西津《かせいしん》は三つのレベルにおける関係性の構築を提起しています。

第一のレベルは、「公共サービスの提供」、すなわち政府がみずからの職能を制限し、「全能型」から「限定型」への転換を実現していく中で、より多くの公共サービスをNGOに担わせるという関係性です。

第二は「公共政策への助言」、政策づくりの過程にNGOが参画するという関係性です。

第三は「市民権が成長するメカニズム」、すなわち、NGOが議会民主主義の制度における市民の直接的な参加を体現し、参加型民主主義と市民によるガバナンスを実現していくという関係性です。

第一のレベルから第三のレベルへの発展は、市民社会の成熟度を意味しています。現在、中国の草の根NGOと政府との関係性は、いまだ第一のレベルにとどまっていると言わなければなりません。「公共サービスの提供」という協力関係は、四川大地震の救援活動ですでに実現しました。具体的には二つの形式があります。第一は政府と官製NGOの間でよく見られることですが、政府がNGOの運営を支援し、人材・物資・政策の面で支持を与えると同時に、NGOに対して監督を行ないます。

中国慈善総会、中国青少年発展基金会、中国赤十字会などはその代表的な例です。復興段階において、政府と関連する新たなＮＧＯもたくさん生まれました。このようなＮＧＯは政府出資の委託を請け負い、設立された団体です。理県にある「湘川情《しょうせんじょう》ソーシャルワークサービスステーション」、江蘇省《こうそしょう》の一対一の復興支援プロジェクトによって綿竹で成立された「心理援助サービスセンター」、二〇〇八年都江堰市で援助活動をしている「上海ソーシャルワーク被災後再建サービスステーション」などが挙げられます。このような組織は、政府機関との関係が良好で、物資が豊かで、スタッフも多いのです。ただし、一部の組織は多大な経費を使いましたが、成果は限られたものでした。そこでは実施効果よりも形を重視する傾向がみられたのです。

第二は、政府がＮＧＯによるサービスを購買するという形式です。公開募集、そして公平な競争を通して、ＮＧＯは公共サービスの生産者あるいは提供者となる資格を獲得します。政府がそれを購入し、政府あるいは一般民衆はその受益者となるのです。その協力形式は被災地でよく採用されます。民間ＮＧＯの連合体「ＮＧＯ防災センター」、「遵道社会資源協調事務室」などのＮＧＯは、政府のプロジェクトを下請けし、政府部署や官製基金から運営資金をもらい、被災者に支援を提供します。多くの草の根ＮＧＯは資金調達に困っているので、基金会や政府の関連部署からのプロジェクト下請けだけで生存しています。

このような実情から、ＮＧＯが政府と良好な協働関係を維持するためには、ＮＧＯがみずからの立ち位置や存立していける道を探ることが大切です。ＮＧＯは政府の認可がなければ存続が困難です。したがって、ＮＧＯは政府の方針や政府がＮＧＯに求めていることを踏まえたうえで活動していくことが求められているのです。

6　おわりに

現在の中国のＮＧＯの組織形態や経営方法については、その理論やルールがすべて欧米社会の文脈に由来しており、中国のＮＧＯは基本的に欧米社会の形式をそのまま踏襲していると言えます。中国でＮＧＯを活かしていくためにはどのような変形・革新が必要なのか、それは、まだ試されている段階です。これらはすべて外国と違い、中国の国柄や現状に基づいて考え直さなければなりません。

今後中国が、国家行政機構の縮小を目指す体制改革をさらに進めていくならば、国家行政管理の強化を前提とした現行の民間組織管理体制の見直し、民間組織のプラスの役割を発揮させることをまちがいなく迫られます。一方、ＮＧＯとしては、直接社会に対して変革を求めるよりも、発展の機会および内部資源を十分に活かし、それを実践していくプロセスのなかで自らのあり方を模索していき、実績を積み上げ、社会的反響を呼ぶほうが、結果的に社会の変化を引き起こす可能性が高いと言えます。

しかも、ＮＧＯをたんなる慈善団体、あるいは「ただの政府の良い助手」という役割を果たすだけにとどめるのではなく、公共政策に対する影響力の向上、政府および私有企業のアカウンタビリティーの促進、市民への権利賦与と主体性の育成、社会ニーズの直接充足といった役割を最大限に生かすものとして発展させることが大いに期待されているのです。

（1）「草の根ＮＧＯ」については、下記のサイトが参考になります。「自然の友」については、http://www.fon.org.cn。「北京地球孫環境文化センター」については、http://www.ifce.org/gvb。「緑色之友」については、http://www.jshj.org。

（2）社会団体として登録するには、登録管理を担う「民政」部門のほか、組織の日常的な業務や活動に対して責任を負う「主管単位」が要求されます。行政機関や半行政的な人民団体などの、「主管単位」となる権限を有する組織だけが認められているため、主管単位が見つからずに登録できない団体が多いのです。

（3）綿竹には昔から刺繍の伝統があり、クロスステッチとは、刺繍の一種です。プロジェクトでは、申し込みさえすれば、だれでもクロスステッチのトレーニングを受けることができる。ＮＧＯ防災センターは、その伝統を生かして被災者（特に女性）の生計問題を解決しようと思い立ち、検査に合格した作品を引き取り、都市の店舗に送り、販売してから、製作者に報酬を支払うのです。

▒参考文献

鄧正来編著『国家与市民社会』（社会科学文献出版社、二〇〇六年）。

王名編著『中国非営利評論』第一巻（社会科学文献出版社、二〇〇七年）。

賈西津編著『中国公民参与——案例与模式』（社会科学文献出版社、二〇〇八年）。

若弘編著『中国ＮＧＯ——非政府組織在中国』（人民出版社、二〇一〇年）。

張強・余暁敏編著『ＮＧＯ参与汶川地震灾后重建研究』（北京大学出版者、二〇〇九年）。

若弘編著『中国ＮＧＯ——非政府組織在中国』（人民出版社、二〇一〇年）。

清華大学公共管理学院ＮＧＯ研究センター編著『中国非営利評論』第五巻（社会科学文献出版社、二〇一〇年）。

馬橋憲男・高柳彰夫編著『グローバル問題とＮＧＯ・市民社会』（明石書院、二〇〇七年）。

兪可平「各級政府応営造官民共治的社会治理格局」『社団管理研究』（二〇一一年六月）二〇‐二一頁。

葦克難・馮華・張瓊文「ＮＧＯ介入汶川地震災後重建的概況調査——基于社会工作視角」『中国非営利組織第6巻』（二〇一〇年）二三一‐二四〇頁。

第5章　福島の核爆発と歴史を見る眼
——日本に落ちた三度目の原爆——

斉藤日出治

1　はじめに
——過去との遭遇——

二〇一一年三月十一日に東北地方を中心に発生した大災害は、まるで日本の社会が歴史上未曾有の出来事に遭遇したかのような感覚を引き起こしました。マグニチュード九の大地震、高さ四〇メートルに及ぶ大津波、炉心溶融を引き起こした福島原子力発電所の水素爆発事故。それらはいずれもが「未曾有《みぞう》」、「想定外」という表現が乱発されたように、これまで経験したことのない出来事のように受け止められました。

　とりわけチェルノブイリを上回る規模の原発災害は、未知の出来事と遭遇したようなとまどいと混乱を引き起こしました。放射能に汚染された地元を離れて避難生活を余儀なくされた人びとは、事故後二年が経過した現在でも一六万人にのぼります。一九八六年のチェルノブイリの原発事故のとき、爆心地から三キロ地点にあるプリピャチという町の住民は、三日で戻れると言われて町を離れましたが、二十五年を経た現在もなお町に戻ることができず、近年撮影したこの町の写真は、廃屋となったアパートの窓から樹木がにょきにょきと生え出し、自然林と化した街並みの荒涼たる風景を映し出しています。かつて原発関連企業で働く人びとが住む町としてにぎわったプリピャチの近年のこの風景は、福島の浪江町や双葉町の二十五年後の風景を想起させるかのようです。

　この状況を先取りした小説があります。勝谷誠彦の未来小説『ディアスポラ』がそれです。日本列島で大規模な原発事故が発生し、日本列島全体が居住不可能となって、日本人が難民として世界各地に離散し、難民キャンプで悲惨な生活を送るという事態を想定して書かれた未来小説です。福島原発事故よりも十年も早く二〇〇一年に執筆されたこの小説が、日本社会の未知との遭遇を先取りした警句の小説として、事故後に再出版され、話題を呼んでいます。

　しかし、原発の事故ははたして「想定外」の未知との遭遇だったのでしょうか。外国のメディアは、この事故が起きた直後に、この事故を「核爆発」と呼びました。核爆発とは、核分裂反応、あるいは核融合反応による爆発の現象を指し、核兵器や核実験のときに用いる表現で、原子力発電所の炉心溶融で高温の水素が発生し酸素と結合して起きる水素爆発とは違うという見方もあります。しかし今回の原発事故を「核爆発」と表現するときに、私たちはただちに想起することがあります。一九四五年の敗戦直前に広島と長崎に投下された原子爆弾がそれです。そうなのです。福島の事故は未知の経験ではなく、広島・長崎の過去と遭遇する経験にほかなりません。

日本の社会は六十六年前に経験した被爆の記憶を封じ込め、この記憶を原子力の「平和利用」というスローガンによって変造し、この国に原子力発電を導入してきました。私たちは、今回の核爆発によって日本の社会が忘却した被爆の経験に出会い、広島・長崎の過去と遭遇することになったのです。今回の核爆発事故を過去と遭遇する出来事として捉えることによって、この事故が自然災害ではなく、私たちの社会のありかたが引き起こした人災であることを学ぶことになります。私たちはそのような歴史を見る眼の転換を通して、私たちの社会のありかたを反省することが求められているのではないでしょうか。

2 被爆という過去との遭遇

† 歴史の神話創造と原子力発電の導入——「原子力平和利用」

福島原発の核爆発が起きる直前まで、日本列島には五十四基の原子力発電所があり、そのほとんどが稼働し、日本の総電力のほぼ三〇%を供給していました。しかし一九四五年の敗戦直後の日本には、原発は一基も存在しませんでした。敗戦の年の八月に広島と長崎に投下された原子爆弾によって、三十万人の命が一瞬のうちに失われ、かろうじて生き残った被爆者も、長期にわたって放射能の後遺症に苦しめられました。

原子力兵器はできるだけ多くの人間を効率よく殺傷するという目的を極限まで追求した結果として発明された殺人手段でした。米国は太平洋戦争中の一九四二 - 四四年に、原子爆弾を開発製造するためのマンハッタン計画を立て、この計画に二百億ドルという巨額の予算を計上して、三個の原子爆弾を製造し、そのうちの二発を広島と長崎に投下したのです。

原子力発電は、この原爆の開発製造から始まり、戦後米国の電力会社がその研究成果を商業用原子炉の開発へと転用し、全世界に売り込むことによって急速に普及していきました。武藤一羊《いちよう》が指摘するように、原子爆弾の開発製造がなければ、民間電機メーカーが自力で原子力発電を開発するようなことは起こりえなかったのです。その意味で、まさしく原子力発電は「マンハッタン計画の落とし子」（春名幹男）と言うべきものでした。

原子爆弾と原子力発電はこのように不可分の関係にあったがゆえに、被爆というむごたらしい体験をした日本の社会に原子力発電を導入するためには、原子爆弾に付きまとう恐怖のイメージを払拭する必要がありました。そのために、原子爆弾と原子力発電を切り離し、核兵器は原子力を軍事的に利用するものであるが、原子力発電は原子力を「平和利用」するものだ、というイメージアップが図られることになりました。それが一九五〇年代に「原子力平和利用」という言説に基づく壮大なキャンペーンとなって展開されます。

一九五三年に当時の米国大統領のアイゼンハワーが国連で「平和のための原子力（アトムズ・フォー・ピース）」の演説を行ない、核兵器と切り離すかたちで「原子力平和利用」の推進を訴えました。それに続いて、一九五六年には米国が自国の原子力産業を世界に売り込むために、世界各地で原子力平和利用博覧会を開催しました。日本でも読売新聞社、地方自治体、アメリカ大使館などが共催で東京、大阪、名古屋、広島などの主要都市で博覧会が開催されました。

この博覧会を通して、戦争と死という恐怖のシンボルであった原子力が平和と科学技術進歩のシンボルへと変身を遂げていきます。原子力を平和と科学技術の進歩のために利用することこそが原爆の被害者に対する慰霊になるのだ、被爆国だからこそ原子力の平和利用が必要だ、という言辞が用いられ、被爆者自身が原子力の平和利用に対する希望と救済のメッセージを寄せて、このレトリックを補強しました（田中利幸）。

被爆国の日本では、核に対する拒絶反応がとりわけ強烈でした。それに加えて、一九五四年には焼津港のマグロ漁船の乗組員がビキニ環礁における米国の水爆実験で放射能を浴びる事件（第五福竜丸事件）が起き、この事件を契機として全国で反核運動が高揚します。原水爆実験に反対する署名は三千万人に上りました。この反核運動の高揚を背景にして、反核＝反原子力は日本の市民社会における合意として定着しつつありました。

原子力平和利用博覧会は、このようにして定着しつつあった反核＝反原子力の合意をくつがえし、原子力を日本に導入する重要な契機となりました。この博覧会は、核の脅威に対する国民的な合意を反転させ、日本における被爆の経験を封じ込めて、原子力の明るいイメージを広める知的指導力を発揮したのです（そのために、その後の日本の反原発運動は、原発が立地される地元の漁民や住民を主体として取り組まれ、反原発の運動が反核・平和の運動と結びつくことはなくなります）。

†　進歩と成長のシンボルとなった原子力

戦後日本の社会は、映画やコミックの文化領域でも、原子力を科学技術の進歩と平和のシンボルとして受け入れ、そのイメージを定着させていきました。第五福竜丸の被爆事件が起きた同じ一九五四年に、東宝映画『ゴジラ』が封切られました。この映画は、水爆実験によって放射能を浴び巨大化した怪獣が日本列島を襲撃するという原爆の恐ろしさをモチーフとして制作されたものでした。しかし『ゴジラ』は回数を重ねるたびに、その当初のモチーフがしだいに薄れていき、社会性を失ってたんなる娯楽映画として鑑賞されるようになっていきます。ゴジラは人に愛される、かわいらしい存在へと変質していきます。

手塚治虫の『鉄腕アトム』は、核融合で動く電脳ロボットが人間に協力して、悪玉のロボットと闘うというストーリーで、人間と原子力の調和をモチーフとしたコミックとして日本社会に親しまれ、国民の愛読書として広く普及しました。

その後、日本は原子力産業が生み出す電力をエネルギー源として、戦後の開発と成長の道を突き進んでいきます。石炭産業を切り捨て、地方の過疎化と農村・農業の衰退を推し進め、大気汚染・水質汚濁による環境破壊を引き起こしながら、日本社会は「経済大国」への道をひた走っていきました。衰退した北陸・東北の過疎の村が放射能汚染のリスクをはらんだ原子力発電の適地として選ばれ、電源三法（一九七四年）によって誘致の地方に多額の交付金がばらまかれ、その交付金によって地方の財源を潤し、札束をたたいて原発が次々と建設されていったのです。

† 原発神話による潜在的核兵器の導入

しかし、原爆の体験を封じ込め、被爆の歴史を忘却あるいは変造することによって建設された原発は、実は日本の国内にひそかに核兵器をもちこむ回路となったのです。「平和利用」されるはずの原子力は、その当初から「潜在的な核兵器生産能力」（武藤一羊）として想定され、位置づけられていました。

もちろん米国は、原子力発電の世界的普及が核兵器の拡散と結びつくことを警戒していました。原子力発電の世界的な普及は望んでも、核兵器を自国で独占し他国への拡散を望まない米国は、世界各国で原子力産業が軍事目的に転用されるのを阻止するための国際機関として、一九五七年に国際原子力機関を設立しました。この機関によって、米国は世界各国の原発が核兵器製造へと転用される事態を厳しくチェックしようとしたのです。

しかし、原子力発電を受け入れた日本政府は、その当初から原子力発電の核エネルギーを軍事目的に転用することを明確に意図していました。一九五七年に日本で最初の商業用原子炉を東海村に建設することが決まったとき、当時の首相であった岸信介は、原子力は平和利用することも、核兵器に利用することも可能であり、これをどのように利用するかは国家意思の問題だ、と語っていました。そこではすでに、日本に核兵器を開発する意思と可能性があることが示唆されていたのです（内藤新吾）。

その後の日本は、国家安全保障政策の基本方針として、原子力施設を核兵器生産に転用する可能性を検討し、いつでもその転用を実現できる策を講じてきました。一九六九年の「わが国の外交方針の大綱」では、日米安保条約を維持しながらも、「いつでも核兵器製造を行える能力を保持し、それを外交抑止力として用いる」という展望が明記され、非核三原則とは裏腹に、核兵器の生産能力が意図的に追求されていきました。

つまり日本政府は、原子力発電を、その導入の当初から、軍事的な意味でも、エネルギー確保の意味でも、国家安全保障戦略の主要な柱として位置づけていたことが分かります。原子力産業は、攻撃用の核兵器を製造しうる能力を保有することを目的として、つまり潜在的な核兵器として日本に導入されたのです。福井県敦賀の高速増殖炉もんじゅ、青森県六ヶ所村の使用済み核燃料の再処理施設の建設によって、日本は実際にプルトニウム爆弾を製造する能力を保持するようになりました。

こうして、原爆に対する恐怖と反発を「平和利用」の名のもとに封じ込め、科学技術の進歩と開発の名において原子力発電を推進することによって、潜在的核兵器がひそかに日本の内部にもちこまれることになりました。「原子力平和利用」という原発の神話は、核兵器というその正反対物を拡大再生産する言説として機能したのです。

一九七〇年代に二十基、八〇年代に十六基、九〇年代に十五基と次々と原発が建設され、日本に定着するとともに、核に対する脅威も薄れ、やがて「平和利用」という言説は利用価値を失って、使われないようになります。「平和利用」という神話は、一九九〇年代以降、「クリーン・エネルギー」の神話へととって代えられます。原発は二酸化炭素を出さないから温暖化対策に貢献する、というクリーン・キャンペーンが前面に登場します。電力会社は巨額の出費をして、原発が低コストで環境保全に寄与するという宣伝を行なったのです。

こうして、原子力発電の歴史的起源である原爆が記憶のかなたに忘却され、「原子力平和利用」という歴史の神話で塗り固められた原子力発電が日本の社会にしっかりと根づいていきます。それは、潜在的核兵器が原子力発電のすがたをとって日本社会の内部に根をおろしたことを意味したのです。

† 原発神話と歴史を見る眼

福島原発の炉心溶融事故は、この歴史の神話を打ち砕きました。原発が原子爆弾に起源をもつにもかかわらず、この起源を押し隠し、原発が平和と開発のシンボルとして誕生したという神話が、この事故で吹き飛んだのです。そして原子力発電が原子爆弾と同根のものであるということが、核爆発による放射能の飛散によって誰の目にも歴然となりました。原子力関係者がなによりも恐れていたのは、原発の起源が原爆にあるという事実が衆目にさらされることでした。だからこそ、この事実を「平和利用」という神話によって包み隠してきたのです。

原発の建設ラッシュが続くようになると、「平和利用」と並んでもう一つの神話が日本に定着するようになりました。安全神話がそれです。安全神話は、原爆と原発を切り離し、原発が平和と成長という原爆とは正反対の理念に基づくことを裏づけるための重要な言説的根拠でもありました。東電の幹部が原発に対して抱いていた安全の幻想は、原発の管理体制が万全だという信念ではなく、「事故はあるはずのないもの、あってはならないもの」という思い込みであり、したがって「事故はありえない」という根拠のない信念でした。そのために、炉心溶融事故を想定して対策を講じること自体が回避されたのです。この事故に対する対策を講じることは、このような事故がありうるということを想定することであり、そのような想定をすること自体が「あってはならないこと」として拒否されたのです。炉心溶融事故は、原発が核兵器と同じ放射能を放出する脅威をもつことを想起させるものであり、原発が立脚している「平和利用」という神話を打ち砕くものであるがゆえに、その想定自身が否定されたのです。

原発の歴史的神話が崩壊することによって、日本の社会が見失ってきた歴史を見る眼が新たに呼び起こされることになります。それは原子力の起源が原子爆弾にあり、広島と長崎で三十万人の命を奪った核兵器の暴力にあることを知るという歴史の眼です。と同時に、原発という姿をとって核兵器が日本に導入され、戦後日本でその起源が日々再生産されてきたという事実が明るみに出されます。つまり、福島原発の炉心溶融事故とは、戦後日本にひそかに導入された潜在的な核兵器が引き起こした核爆発にほかならない、ということを私たちは知ることになるのです。このようにして私たちは過去と遭遇するのです。そしてこの過去との遭遇は、平和と開発の名のもとに原爆を再生産してきた戦後日本のありようを根底から問い直すことを私たちに迫ります。

† 資本主義の歴史的起源の神話と原発神話

ヨーロッパには、近代資本主義の現在をこのような過去との遭遇を通して歴史的視点から洞察した思想家がいます。一八六七年に『資本論』という書物を著わしたカール・マルクスがその人です。

ヨーロッパの資本主義はみずからの歴史的起源を自己労働に基づく私的所有に求め、そのことによって現在の私的所有を正統化し根拠づけるのですが、マルクスはその歴史的起源が神話である、と告発します。そしてこの歴史的神話が他人労働を無償でわがものとする資本主義の現在の盗みを肯定し、再生産していると指摘します。現在の賃労働制度は、労働力を商品として売買することによって、その労働力が発現される生産過程の生産力的成果を労働力商品の購買者が私的に独占する。現在の私的所有は、そのようにして他人の労働を無償で領有する盗みを行なっている。

マルクスは、資本主義の歴史的起源が自己労働に基づく所有ではなく、農耕民の共有地を暴力的に奪って私有地に転じ、多くの農耕民を無産者として共有地から追放する組織的な暴力の行使にあったことを指摘します。この組織的暴力は、ヨーロッパ社会の内部において発動されただけではなく、非ヨーロッパ地帯に対する征服と植民地支配、奴隷労働、金銀をはじめとする資源の収奪として世界的規模で展開されました。

マルクスは、このようにして資本の本源的蓄積の暴力こそが資本主義の歴史的起源であることを指摘すると同時に、そのような歴史的起源が形式的には自由で平等な市場の交換を通して現在において日々再生産されていることを洞察します。マルクスが資本主義の歴史的起源を問うのは、現在において隠されている過去を単に暴露するためだけではなく、この隠された過去が現在において日々再生産されていることを指摘するためなのです。西欧内外における組織的であからさまな暴力の行使という歴史的起源は、過ぎ去った過去の出来事であるだけでなく、資本主義の成立後もこの歴史的神話によって日々拡大された規模で再生産され、今日の盗みを正統化している、マルクスはこう語るのです。

近代資本主義における市場取引は、私的所有に基づく交換の原理を通して他人労働を無償で領有するという盗みを日々遂行している。市場取引における交換の原理に基づいて組織される資本・賃労働関係は、歴史的起源において行使された暴力を、近代的な姿において、形式的な自由で平等の交換というかたちをとって日々再生産している、と。

†「私的所有とは盗みである」

マルクスは「私的所有とは盗みである」と喝破したジョセフ・プルードンにならって、フランス語版『資本論』における「資本の本源的蓄積」の章の註で、ゲーテのつぎのような教師と生徒の教義問答を引用します。教師が生徒に、あなたの土地は誰から来たのか、と尋ねる。生徒はおじいさんから譲り受けた、と答える。「おじいさんは、どうしたのか」という先生の問いに、さらに生徒は、「ひいおじいさんから譲り受けた」と答えます。そして最後に「そのひいおじいさんはどうしたのか」という先生の問いに、生徒は「ひいおじいさんは盗んだ」と答えます。

このゲーテの教義問答は、私的所有が盗みを歴史的な起源としており、その盗みが今日的に再生産されていることを暴き出すことによって、資本主義の現在に作用している歴史的神話を打ち砕き、現在の私的所有と過去の盗みとの出会いを語り出すものだ、と言うことが分かります。過去の盗みは、私的所有に基づく遺産相続によって現在的に再生産されているのです。

私たちは、ほかならぬこのマルクスの歴史認識を原発神話の解体によって追体験しています。原子力発電は核兵器を起源としているにもかかわらず、その核爆発のリスクを「安全神話」と「平和利用」のすがたで包み隠し変造することによって、事実上核爆発のリスクを日々再生産してきたのです。核兵器という歴史的起源を包み隠していた「平和利用」の言説や安全神話が、炉心溶融事故によって崩れ去り、その歴史的起源が人びとの眼前に露顕したのです。私たちはこのようにして、原発神話に縛られてきたみずからの歴史を見る眼の転換を迫られることになります。

3　植民地主義という過去との遭遇

†　被害意識としての戦争記憶が欠落させたもの

福島の原発事故は、原子力発電が原爆を再生産しているという過去との出会いを私たちに促すと同時に、戦後日本の社会が見失ってきたもう一つの過去との出会いを私たちに促します。

日本の社会は、広島と長崎の原子爆弾の被災をはじめとするアジア太平洋戦争における経験を、まるで天災に見舞われたかのような被害の体験として記憶します。戦地での日本軍兵士や民間人の極度の栄養失調や飢餓状態、国内の食糧不足による飢餓生活と子供たちの疎開暮らし、おびただしい焼死者と焼け野原を生み出した東京・大阪などの大空襲、そして広島と長崎の被爆、これらの戦争体験が日本社会における戦争の記憶の前面に登場し、その記憶が毎年八月十五日にマスメディアを通して呼び起されます。

しかし、このような戦争の記憶の仕方には、歴史の重大な忘却が潜んでいます。これらの戦争体験は日本が近代以降、アジア諸国に仕掛けた植民地支配と侵略戦争がもたらした最終的な帰結の局面だということ、そのことが日本社会の記憶からすっぽりと抜け落ちるのです。

戦後日本の社会からは、このみずからがアジアに行使した経験の記憶が完全に抜け落ちて、被害の体験だけがもっぱら記憶にとどめられます。加害の体験を記憶から抹殺して被害の体験を記憶にとどめることによって、戦後日本の歴史は日本が被った被害から雄々しく立ち直る輝かしい過程として追憶されることになります。そして今回の大震災の復興がかつての高度成長の栄光をもう一度取り戻そう、というスローガンとなって発せられます。

しかし、福島の核爆発が浮き彫りにしたのは、戦後日本の社会がふたをしたアジアに対する植民地主義と侵略戦争の記憶なのです。日本の社会はアジアに対する加害の歴史にふたをしてその歴史を忘れ去ることによって、その歴史を戦後日本の社会の内部で再生産してきた、そのことが福島の核爆発で露呈したのです。

日本人の被害の体験には、それ自体に加害の体験が背中合わせで潜んでいます。たとえば、原子爆弾が投下された広島は、日清戦争および日露戦争の時代からアジアへの軍事侵略の拠点となってきた軍都であり、そこからアジア各地に向けて兵士が出兵する町であり、軍の缶詰工場などの軍事施設がひしめく町でした。また、広島の原爆の被害者の中には、日本によって広島に強制連行され、発電所や軍事工場などに徴用されて過酷な労働を強いられた中国人・朝鮮人、あるいは日本帝国軍隊の軍人・軍属として広島に配属されていた中国人・朝鮮人が数多くふくまれていました。広島の被爆という体験の中には、加害の側面がはらまれているにもかかわらず、日本の社会は後者の側面を切り捨てたかたちで被爆の記憶を歴史に刻むのです。

日本がアジアに仕掛けた植民地支配と侵略戦争はアジアの人びとにどのような体験を強いたのか、それはアジアの一人ひとりの人生をどのように変えたのか、そのような他者に対する想像力を断ち切ることによって戦後日本の社会はつくりあげられていきました。

† 日本が海南島の軍事占領下で行なったこと

ここでは、中国の南方にある海南島で起きた出来事について、お話ししたいと思います。日本は一九四一年の日米開戦に先立って、アジアの南方に戦線を拡大し、そのための拠点として中国南部にある海南島に着目し、一九三九年二月にこの島を軍事占領しました。そのときから一九四五年八月の敗戦にいたる六年半の間に、日本がこの島で犯した暴力や略奪行為について日本の社会はほとんど知ることはありません。

私たちは〈紀州鉱山の真実を明らかにする会〉および〈海南島近現代史研究会〉という市民団体を結成して、軍事占領中に日本が海南島で行使した犯罪行為について、島の被害住民から聞き取りを行ない、資料を収集してその実態を究明してきました。十年以上におよぶその調査活動の一端をここで紹介したいと思います。

日本軍は、占領中に海南島の各地の村を襲撃し、非戦闘員の村民を家に閉じ込めて焼き殺し、あるいは一か所に集めて銃剣や拳銃で殺害するという虐殺行為を何度もくりかえしました。日本軍は、早朝まだ暗いうちに寝静まっている住民を、はじめから無差別に殺害することを目的として襲ったのです。乳幼児、児童、高齢者、女性を問わず無抵抗の村民が殺害されました。

その村の一つに万寧《ばんねい》県の月塘《げつとう》村があります。日本が敗戦を迎えるわずか三か月ほど前の一九四五年五月二日（農暦三月二十一日）に、この地域を占領統治していた佐世保鎮守府第八特別陸戦隊万寧守備隊が島の東部にある月塘村を襲撃し、村民一八九名を殺害しました。私たちが村で出会った朱学平さんは、六歳の妹、二人の兄、姉、父、母、二人の叔母、二人のいとこをすべて殺害され、たった一人生き残りました。朱さんはそのときの様子をつぎのように語ってくれました。

わたしは一二歳だった。朝はやく、日本兵がとつぜん家に入ってきてなにも言わないで、殺し始めた。……わたしは、柱のかげに倒れるようにして隠れて助かった。妹は腹を切られて腸がとびだしていたが、まだ生きていた。血だらけの妹を抱いて逃げた。途中なんども妹が息をしているかどうか確かめた。（紀州鉱山の真実を明らかにする会編 二〇〇七、八六頁）

朱学平さんと同じように家族を全員殺されて自分だけが生き残った、という体験をした人に、私たちは海南島で何人も出会いました。これらの人たちは、家族のすべてを失うという深い悲しみを抱えたまま、戦後孤児となり、住むところも、身寄りもなく、苦難の生活を強いられたのです。

海南島東部の林村村《りんそん》では、村を襲った日本軍が十人ほどの子供を井戸の前に並ばせて、一人ひとりを後ろから羽交い絞めにして首をかき切り、井戸に投げ込んだ、という証言も聞きました。

海南島の村民は家族を虐殺されただけでなく、労働力として日本軍に徴用され、道路工事、望楼建設、軍用トンネル工事、鉱山採掘の労働を強いられました。村民はみずからの農作業を放棄することを余儀なくされ、自己の生活を犠牲にして、賃金はおろか食糧も満足にあたえられない状態で日本軍のために労働を強いられました。飢餓と疲労と病いで命を落とし、仕事が遅い、重い石を持ち上げられない、と言って殴られたり、銃剣で刺し殺される人が続出しました。

また日本軍の襲撃から逃れようとして、村人は長期の逃亡生活を強いられました。村を棄てて、山中を逃げ回り、山で野生の草の実を食べて飢えをしのぎ、野宿生活を強いられました。村民が栽培したコメや野菜などの食糧、豚・鶏などの家畜は日本軍に強奪され、住んでいた家屋は破壊されて、素材であるレンガや石などが日本軍の施設を建設するために運び去られました。

† 朝鮮人虐殺と戦時性暴力

このような苦難を強いられたのは、海南島の村民だけではありませんでした。

日本軍は労働力が不足したために、朝鮮の刑務所から服役囚を「朝鮮報国隊」として組織し、一九四三－一九四四年におよそ二千人の朝鮮人を海南島に船で運び、島の飛行場建設、軍用道路、トンネル工事、軍の施設建設、鉱山労働に酷使しました。満足な食事を与えず、過酷な労働を強いられた朝鮮人は、飢え、疲労、病気で多く犠牲を出しましたが、日本軍（海南海軍警備府第十六警備隊）は敗戦時にその中の生き残った朝鮮人をすべて殺害し、島の南部の村の一角に遺体を放置しました。遺骨が大量に放置されているこの村は、先住民の黎《りー》族が住む南丁《なんてぃ》という村ですが、この村はいまでも「朝鮮村」と呼ばれています。「刑期を短くする」と偽って海南島に連れてこられたこれらの朝鮮人は、二度と故郷に戻ることなく、白骨となって海南島の地中に打ち捨てられました。朝鮮の遺族は、身内の遺骨が海南島に放置されていることをいまもなお知らずにいるのです。

海南島では、軍事占領中に日本軍兵士によっておびただしい性暴力が行使されました。日本軍は司令部の置かれた地区ごとに慰安所を設置して、「慰安婦」を拘束しただけでなく、島のまだ若い十代の娘を乱暴し、軍の司令部に拘禁して、その女性を昼間は労働させ、夜は性欲の対象にするということを長期にわたって続けました。このような被害を受けた八名の女性が、一九九一年に日本政府に謝罪と賠償を求める訴えを東京地裁に起こしました。日本の裁判官は地裁から最高裁に至るまで、性暴力の事実を認めたものの、日本政府に謝罪と賠償を求める原告の要求を斥けたのです。

澄邁《ちょうまん》県の常樹《じょうじゅ》村で私たちが出会った女性は、一九四二年十二月二十八日に日本軍に村を襲われた際、ちょうど結婚式を挙げる当日だったのですが、日本軍兵士に強姦されました。人生の幸福の絶頂期に地獄に突き落とされたその女性は、精神に異常をきたし、そのおぞましい体験をみずから封じ込めてしまったのです。

† 戦後日本社会による植民地責任の放棄

日本軍と日本の企業は、海南島の農業に適した土地を日本軍と日本人のための食糧補給地として確保し、農業・畜産業・水産業・林業・鉱業などのあらゆる産業を「大東亜戦争」を推進するための産業開発の基盤として奪いとりました。

アジア太平洋戦争の敗戦後に、日本はこのような海南島で犯した国家犯罪についてその責任が追及されることはありませんでした。日本の戦争責任を問う東京裁判は、主として連合軍の捕虜に対する人権侵害が裁かれたものの、日本軍がアジア各地で犯した残虐行為や性暴力については、ほとんどが不問に付されました。

以上のような犯罪に関わった一人ひとりの日本軍兵士は、戦後日本に戻って、村民を無差別に殺害したり女性を乱暴したみずからの犯罪行為について告白することはありませんでした。被害を明かす記録文書は焼却されました。海南島に残された日本軍の施設跡や残骸、そして地中に放置された遺骨がその犯罪を刻印するほとんど唯一の証拠ですが、これらの事実について戦後日本の社会はその記憶をまったく闇に葬ってきました。

海南島には日本軍によって殺害された人の遺骨が島のあちこちに捨てられ、きちんとした調査も、遺骨収集もされないままに放置されています。私たちが訪れた北東部の加楽鎮《からくちん》北柳村《ほくりゅうそん》では、日本軍が多くの村人を殺害して遺体を埋めた場所が、遺骨の埋められたままの状態で中学校の校庭の片隅でゴミ捨て場とトイレに使われています。

日本の政府および地方行政団体はもとより、歴史研究者、ジャーナリスト、市民団体、そのいずれもが、海南島で日本が犯したこれらの犯罪行為について調査し、事実を究明してその責任を追及するという作業を放棄してきました。そのために、海南島の村民、女性、朝鮮人はその被害について証言する機会も得られないままに、みずからのうちにその苦悩を抱え込んだ状態で戦後の長期にわたる苦難の日々を過ごしてきたのです。

そして日本の社会は、これらの人びとの苦悩に正面から向き合うことなく、歴史の記憶からその苦悩を抹殺して、ひたすらみずからの被害からの救済を求めて高度成長の途をひた走ってきました。

私たちの市民団体は、海南島で被害者の村民から聞き取った証言を元に、写真集、ドキュメンタリーを制作し、映像として、文書として、それを記録しました（参考文献・映像資料に挙げた、紀州鉱山の真実を明らかにする会編・制作 二〇〇四年、二〇〇五年、二〇〇七年、海南島近現代史研究会制作 二〇〇八年a、二〇〇八年b、などがそれです）。私たちは、これらの写真集・ドキュメンタリーを用いて、東京・京都・大阪などの各地で、また韓国のソウルや海南島の各地で上映会と展示会を開催してきました。しかし日本の社会では、上映会や展示会を行なう活動そのものが妨害に出会いました。大阪の人権博物館で開催を予定していた海南島の展示会は、行政の圧力と右翼の攻撃にさらされ、博物館自身が展示会の自主的な中止を決定したのです。日本の社会は、不都合な事実を隠し、みずからの歴史に向かい合う芽をみずからの手で摘み取ってしまうのです。

†福島の核爆発と植民地主義の再現前

福島の核爆発を、海南島における侵略犯罪の実態から捉えなおすと何が見えるのでしょうか。福島の核爆発は、日本の社会が歴史の闇に葬ったアジアの犠牲者たちの体験をみずからの社会の中で再現したことを意味します。そしてこの再現によって、日本の社会はみずからが忘却した加害の記憶と否応なく向かい合うことを迫られるようになります。

福島の核爆発によって、警戒区域の人びとはみずからが住んでいる環境を根こそぎ奪われるという経験を強いられました。家屋と土地を奪われ、家畜を奪われ、農作物を奪われ、故郷を失いました。土地も、河川も、森林も、家屋も、大気もすべてが放射能で汚染され、故郷で暮らすという当たり前の営みが不可能な状態に追いやられたのです。福島原発における核爆発の被害者は、日本軍によって村を襲われ、山中で長期にわたる放浪生活を強いられ、強制労働に駆り立てられ、家族を無残に虐殺され、強姦された海南島の人びとと同じ体験を強いられています。すべてを根こそぎにして奪い尽くす、日本の社会がかつてアジアの人びとに行使したその犯罪行為が、核爆発によってみずからの社会において再現されることになったのです。私たち日本の社会は、過去にみずからが犯したこの過ちに無自覚であるがゆえに、その過ちをみずからの社会の内部でくりかえすことになったのです。

†「過去との連累」、そして戦後日本の国内植民地

ジャーナリストで小説家の辺見庸は、戦後日本における戦争の記憶の希薄さについて次のように問うています。

「戦争の記憶の濃度においては、被害側と加害側のべつを問わず、日本が病的なまでに薄いのはなぜだろう」。

そしてそれにこう答えています。

「日本という国は記憶の精査を敗戦と同時にうちきり、その過去を現在の文脈によってもののみごとに変造しぬいている。すなわち、たくみにわすれたふりをしている」（辺見 二〇一一、一四七頁）、と。日本が戦前にアジア各地で行使した植民地支配と侵略の暴力は、その事実が歴史の記憶として社会の中に根づくことなく、歴史の闇に葬り去られました。国際社会に対して、日本はアジアに対する過去の植民地支配と侵略戦争についてかたちだけの謝罪をする一方で、国内では「南京大虐殺はなかった」「戦時性暴力も慰安婦制度における軍の関与もなかった」という世論が幅を利かせ、歴史教育、歴史研究からは加害の責任を問う教育と研究が「自虐史観」として拒絶され、「歴史の変造」が平然と行なわれてきました。

植民地と戦争の歴史的責任について、当時生きていなかった現代の日本人は自分たちの父親や祖父がやったことに対して責任を負う必要はない、と主張する政治家がいます。しかし現在の私たち日本人は、私たちの父親や祖父が築いた過去の上に現在を生きているのです。その私たちが過去の父親や祖父が犯した行為とどのように向き合うかは、私たちの責任に属することです。

テッサ・モーリス・スズキは、この責任を「過去との連累」と呼びます。自分のひいおじいさんが他人を殺して土地を奪った、としましょう。自分はそのひいおじいさんの殺害行為に関わって直接殺人行為を犯してはいないけれども、ひいおじいさんが奪ったその土地にいま住んでいるとしたら、どうでしょうか。自分はそのようなかたちで過去と関わりつつ現在を生きている。その場合に、自分はひいおじいさんが犯したその行為について、その事実を調べ、確かめて、被害者に謝罪し、賠償するという歴史的責任を負う。自分がその事実を知ろうとせず、謝罪する必要がないと居直ることがはたしてできるのでしょうか。

日本の現在の社会は、戦前にアジアに対して行使したみずからの行為についてそのような居直りをしているのです。日本の社会はみずから犯した行為について、犠牲者がどのような苦悩を抱えて戦後を生きてきたのかを知ろうともせず、知らんふりをしているのです。

しかしこのような歴史の忘却は、戦後日本の社会のありようをかたちづくります。日本の社会は戦前にアジアに対して行使した植民地主義と侵略の暴力に知らんふりをして、その事実を記憶の彼方に押しやることによって、戦後、国内においてすがたを変えたかたちでその同じ暴力を行使することになるのです。福島の核爆発によって露呈したのは、戦前の日本がアジアに行使したのと同じ質の暴力が、原発の立地地域に対して行使された、ということでした。

戦前の日本は、朝鮮・台湾・「満州」そして海南島などアジアの各地で、アジア民衆の労働力を動員して石炭・鉄鉱石・銅などの資源を略奪し、水力発電所を建設して電力を起こし、アジアの植民地化によって資源とエネルギーを確保してきました。敗戦によってそれが不可能になった日本は、今度は国内の地域にその収奪のまなざしを向けます。原子力発電所は放射能廃棄物の処理、放射能汚染といった多大なリスクを抱えています。このリスクを抱えた原発の候補地として、開発政策と高度成長に取り残された過疎地帯が選ばれました。

電源三法による地方への財政援助と原発関連企業の誘致は、原発立地地域に地域振興と雇用の確保というメリットをもたらしましたが、このメリットを代償として、原発立地地域は原子力産業と中央政府に対する全面的な依存の体制を押しつけられました。地域の生活は、もはや原子力産業と中央政府に従属することによってしか成り立たない仕組みが作り上げられたのです。このような地方の中央への依存・服従の体制は、戦前の日本の帝国主義本国とアジアの植民地との関係の構図を国内で再生産することを意味します。放射能汚染の巨大なリスクを抱えて発電された電力が、遠距離の送電線を伝って大都会に低価格の電力を豊富に提供する。地方は生命と生存を根こそぎ奪われるリスクを抱え、そこで生み出された電力が中央に送られる。まるで帝国主義本国と植民地のような関係が、日本の国内に築き上げられたのです。

にもかかわらず、戦前のアジアに対する植民地主義の記憶を封じ込めた日本社会は、みずからの社会の内部に作り上げたこの植民地主義の構図に無自覚なままに、その構図を再生産してきました。3・11の福島における核爆発は、その構図を私たちの眼前にまざまざと突きつけたのです。

4　経験に基づく社会の不在

† 三度目の過ち

以上述べてきたことから分かるように、日本の社会が福島の核爆発に至るまで原発の歴史的起源に無自覚でいたことは、日本人の歴史を見る眼における重大なゆがみと欠落に起因しており、そのような歴史を見る眼が戦後日本の社会のありかたをかたちづくってきたことが分かります。

福島の炉心溶融事故によって、日本は広島・長崎に次ぐ三度目の被爆体験を余儀なくされました。それは日本で三度目の核爆発が発生し、日本に三度目の原爆が落ちたことを意味します。これはたんなる比喩的な表現ではありません。この視点に立つことによって、日本の社会形成における重大な問題が見えてくるからです。

広島と長崎に原爆を投下したのは米国でした。しかし、今回の三度目の原爆は、日本みずからが落としたものです。広島の平和記念公園には「安らかに眠って下さい　過ちは繰返しませぬから」という主語をあいまいにした誓いの言葉が刻まれています。しかし、私たちは戦後間もなく一九五〇年代に米国の核戦略を引き受けて日本に原発を導入したとき、すでにこの過ちをくりかえしていたのです。今回の福島の核爆発は、数十年前に犯したこの過ちが現実となって露呈したにすぎません。そしてこの過ちの責任は、もはや米国ではなく、原発をみずからの社会に導入した戦後日本が負うべきものなのです。

†森有正の指摘

日本に三度目の原爆が落ちる、このことを今から四十年も前に日本の社会のありかたと関わらせて指摘した日本人がいました。森有正という哲学者がそのひとです。森は東京大学の助教授を務めていた一九五〇年代にパリに渡り、その後助教授の職を捨ててパリに永住した人ですが、一九七〇年代初頭に日本の大学で講義をするために日本に一時帰国して、日本に在住する若いフランス人女性に会って話をしていたとき、その女性がふと漏らした言葉に絶句します。彼女は「第三発目の原子爆弾はまた日本の上へ落ちると思います」とつぶやいたのです。このつぶやきを聞いた森は、つぎのように反応します。

私はその言葉を否定することが出来なかった。……ただ私は、このうら若い外人の女性が、何百、何千の外人が日本で暮らしていて感じていて口に出さないでいることを、口に出してしまったのだ、ということが余りにもはっきり分ったからである。（森有正　一九七九a、六六頁）

森の指摘が重要であるのは、その女性が三度目の原爆の投下を予言した、ということにあるのではありません。彼がこの言葉で注目したのは、外国人に「日本に三度目の原爆が落ちる」と思わせる日本の社会のありようなのです。日本が三度目の被爆を強いられる可能性は、たとえば朝鮮民主主義人民共和国が核ミサイルを日本列島に向けて発射する、といったような対外的な脅威に由来しているのではありません。森は日本人が社会をつくるつくりかたの根本的な欠陥と原子爆弾の被爆の可能性との関係を問うているのです。

森はこう続けます。

「外人が日本に暮らしていて感じていて口に出さないでいること」、それは日本人には経験が不在だ、ということである。言葉や名前以前の純粋の感覚によって経験を育て、その経験によって言葉を定義して、社会を作り上げる、そのような意味での経験が日本人には欠けている。そのような感覚と経験だけが個人を定義する。そして社会とは、そのような個人の経験にもとづいて築き上げられるものである。経験を欠落させた人間集団は家畜の集団と同じだ。そのような集団は外側からルールを押し付けて縛り上げるしかない。

そのような個人の経験が欠落すると、個人が自己自身や他者と関わる関係をもっぱら外部に依存する社会ができあがります。戦前の日本は、そのようにして、自己の判断を国家に預けて、アジアの植民地支配と侵略戦争の道へと突き進んでいきました。そのゆきついたところが、一九四五年の被爆であり、敗戦だったのです。そして日本人はこの敗戦を真の意味で経験しないままに、戦後の社会形成の道へと突き進んでいったのです。だから日本人は敗戦を知ってはいても、真の意味で敗戦を経験していない、森はこう言います。

敗戦の事実はみんな感じていますけれど、これが敗戦だということを本当に現実に私どもが感じなかった。（森有正　一九七五、一六頁）

ここで森は経験という言葉をどのような意味で使っているのでしょうか。森はそれを次のように説明します。

「経験」というのは、ある一つの現実に直面いたしまして、その現実によって私どもがある変容を受ける、ある変化を受ける、ある作用を受ける、それに私どもは反応いたしまして、ある新しい行為に転ずる、そういう一番深い私どもの現実との触れ合い、それを私は「経験」と呼ぶのですけれど、敗戦は決していわゆる本当の意味で敗戦としては経験されなかった。（同書、一六–一七頁）

森有正は敗戦における日本人の経験の欠落について、みずからが体験したつぎのようなエピソードを紹介します。森は、一九四五年八月十五日に疎開先の長野県の松本で天皇の玉音放送を聴きました。玉音放送をいっしょに聴いていた農家の人が、日本が負けたことを知った時こう言いました。「じゃ我々はじゅうりんされてしまうな。すぐ穴を掘って大事なものをかくさにゃいかん」（森有正一九七九b、三一七頁）、と。

敗北した後に日本に入ってくる占領軍にどう対処するか、そのことがまず頭に浮かんで行動する。日本人は敗戦を迎えたとき、庶民も、ジャーナリストも、研究者も、軍部も、同じような行動に走ったのです。敗戦のとき新聞記者がまずやったのは、占領軍から戦争責任を告発される疑いのある資料を隠匿、あるいは焼却することでした。軍部も同様に、罪を問われる恐れのある証拠資料を焼却しました。そして恐ろしいことに、文書資料だけでなく、戦争責任を問われる恐れのある人間を焼却したのです。戦争捕虜の虐待や強制連行の実態が知られ責任が問われないように、日本軍はアジアの民衆を占領下のアジア各地でひそかに抹殺したのです。先に述べた、海南島に派遣された朝鮮人の場合がそれです。

† 戦後日本における経験の欠落

敗戦を経験すると言うことは、みずからが歩んできた過去に目をやり、現在自らが体験していることことの意味を考えることです。「敗戦は明治開国以来の日本の行動の総決算であり、その根源は過去一世紀の日本の歩みそのものの中にあったのである」（同書、三二〇頁）。

現在を、みずからが歩んできた過去において捉えなおすこと、現在が過去なのだという自覚の下に現在の自己を内省する、この営みこそが「経験する」ということにほかならないのですが、ほとんどの日本人はそのようなかたちで現実と向かい合うことを回避し、即物的な反応をしたのです。そして戦後の社会において、戦前のみずからの思考や行動を検証することなく、歴史を忘却の彼方に押しやる、あるいは不都合な事実を押し隠し、都合のよいように歴史を変造して、米国の核戦略、あるいは資本による原子力の産業的利用という外側のルールに自分の身を預けて戦後の社会を築いてきたのです。

経験の欠落は、みずからの行動に対する責任と倫理の欠落を意味します。みずからの犯した行為に対する責任をみずからに問うのではなく、外部の関係にゆだねる。日本人はそのようにして敗戦を経験することなく、戦後の社会を生きてきました。経験に基づく責任と倫理を欠いた社会は、みずからの行為が招いた帰結に対する内省を欠いた社会であり、その社会がかつて被った被爆をふたたび体験することは避けられない。森はこのことを「胸を掻きむしりたくなる」（一九七九a、六六頁）思いで受け止めるのです。

5　おわりに
――経験に基づく社会の創造――

森が指摘する経験の不在は、アジアの植民地支配や侵略犯罪に対する日本人の内省の欠落と不可分につながっています。アジアの各地で行使された民間人の殺害、強制連行と強制労働、性的な暴力、食糧・家畜・資源の略奪といった行為は、その一つひとつが検証されないままに、国家の外交関係において処理されました。外交関係による処理が、まるで日本人が犯した犯罪行為や植民地統治の責任を免罪するかのようにしてすべての事実にふたがされたのです。日本人の一人ひとりがみずからの経験のレヴェルでこれらの行為を検証するという営みは、ごくわずかの例外を除いて皆無でした。たとえば、中国帰還者連絡協議会の元日本兵は、撫順、太原の戦犯収容所での経験に基づいてみずからの犯した罪業を告白し、その経験をもとにして日中友好の運動を作り出していきましたが、このような運動はその数少ない貴重な事例の一つです。

敗戦を真の意味で経験すると言うことは、みずからが引き起こした植民地支配と侵略戦争の行為がもたらした結果に対して責任を負う、ということを意味します。それは、日本人がみずからの行為の結果に向き合い、その結果に取り組むことにほかなりません。福島の核爆発は、日本人が近代以降のアジアに対する植民地支配と侵略戦争を内省する経験を欠いたままに戦後その体制を国内で再生産してきた事実を日本社会に突き付けた出来事でした。私たちに問われているのは、歴史を直視し、他者への想像力をはぐくむことによってみずからの歴史をふりかえることであり、そのまなざしを通して日本の社会のあり方を再考することではないでしょうか。

過去を過ぎ去ったものとして忘却するのでも、また現在を正当化するために過去を都合よく引き出して利用するのでもなく、みずからの過去と出会い、過去と向き合うことによってみずからの経験に基づく歴史の眼を築くことが求められています。そのような歴史認識の創造こそが、森有正の指摘した経験に基づく社会の創造を可能にする道を開いてくれるのです。

参考文献・映像資料

勝谷正彦『ディアスポラ』（文藝春秋、二〇一一年）。

海南島近現代史研究会制作『朝鮮報国隊』映像ドキュメンタリー（二〇〇八年）。

――『海南島月塘村虐殺』映像ドキュメンタリー（二〇〇八年）。

紀州鉱山の真実を明らかにする会制作『日本が占領した海南島で―60年前はきのうのこと』映像ドキュメンタリー（二〇〇四年）。

――編『写真集　海南島で日本は何をしたのか』（写真の会パトローネ、二〇〇五年）。

――編『写真集　日本の海南島侵略と抗日反日闘争』（二〇〇七年）。

斉藤日出治「三・一一で問われる日本人の歴史認識」近畿大学日本文化研究所編『危機における共同体』（風媒社、二〇一二年）。

田中利幸「「原子力平和利用」と広島」（『世界』八月号、二〇一一年）。

テッサ・モーリス・スズキ『過去は死なない』（岩波書店、二〇〇四年）。

内藤新吾『危険でも動かす原発』（二〇〇八年）。

春名幹男「原爆から原発へ――マンハッタン計画という淵源」（『世界』六月号、二〇一一年）。

辺見庸『水の透視画法』（共同通信社、二〇一一年）。

マルクス、K『資本論』第一巻、中山元訳（日経BP社、二〇一一年）。

武藤一羊『潜在的核保有と戦後国家』（社会評論社、二〇一一年）。

森有正『生きることと考えること』（講談社現代新書、一九七〇年）。

――『古いものと新しいもの』（日本基督教団出版局、一九七五年）。

――「木々は光を浴びて」『森有正全集』五巻（筑摩書房、一九七九年a）。

――「一つの「経験」」『森有正全集』十二巻（筑摩書房、一九七九年b）。

山本昭宏『核エネルギー言説の戦後史 1945-1960――「被爆の記憶」と「原子力の夢」』（人文書院、二〇一二年）。

▩執筆者紹介（執筆順，＊は編者）

＊竹内常善（たけうち・つねよし）

1945年生まれ。東京大学大学院経済学研究科博士課程修了。地域経済論専攻。大阪産業大学教授。『中国工業化と日本の社会的対応』〈ACRC 叢書１〉〔編著〕（ナカニシヤ出版，2011年），『東亜地区経済発展理論与実践』〔共編著〕（民族出版社，2012年），『ソーシャル・アジアへの道——市民社会と歴史認識から見据える』〈ACRC 叢書２〉〔共編著〕（ナカニシヤ出版，2012年），他。

〔**担当**〕 巻頭言，序言，第１章

窪　誠（くぼ・まこと）

1959年生まれ。フランス・ストラスブール大学博士課程修了。法学博士。国際人権論・人権政策論専攻。大阪産業大学教授。『マイノリティの国際法——レスプブリカの身体からマイノリティへ』（信山社，2006年），『人権政策学のすすめ』〔共著〕（学陽書房，2003年），『国内人権機関の国際比較』〔共著〕（現代人文社，2000年），他。

〔**担当**〕 第２章

木村　敦（きむら・あつし）

1965年生まれ。同志社大学大学院文学研究科博士後期課程満期退学。社会保障論・社会福祉政策論専攻。大阪産業大学教授。『社会政策と「社会保障・社会福祉」』（学文社，2011年），『〔増補改訂版〕社会保障——論点・解説・展望』〔編著〕（学文社，2008年），『社会福祉概論』〔共著〕（ミネルヴァ書房，2005年），他。

〔**担当**〕 第３章

張　暁霞（Zhang Xiaoxia）

1980年生まれ。中国南開大学日本語言語文学修士卒業。日本文化論専攻。天津理工大学外国語学院日本語学科講師。「日本生涯学習体系の実施と啓示」（『科学技術情報』，Vol.368, 2011年），「日本教育振興基本計画の啓示」（『科学技術情報』，Vol.346, 2010年），「中日祖先崇拝の比較研究」（修士論文，南開大学日本語学科，2006年発表），他。

〔**担当**〕 第４章

＊斉藤日出治（さいとう・ひではる）

1945年生まれ。名古屋大学大学院経済学研究科博士課程単位取得退学。社会経済学専攻。大阪産業大学教授。『グローバル化を超える市民社会』（新泉社，2010年），『帝国を超えて——グローバル市民社会論序説』（大村書店，2005年），『空間批判と対抗社会』（現代企画室，2003年），他。

〔**担当**〕 第５章

東日本大震災と社会認識
――社会科学の眼を通して災害を考える――

2013年３月31日　　初版第１刷発行

編　者　竹内常善
　　　　斉藤日出治
発行者　中西健夫

発行所　株式会社　ナカニシヤ出版
〒606-8161　京都市左京区一乗寺木ノ本町15
TEL（075）723-0111
FAX（075）723-0095
http://www.nakanishiya.co.jp/

印刷／製本・亜細亜印刷
＊乱丁本・落丁本はお取り替え致します。
ISBN978-4-7795-0746-5　Printed in Japan

中国工業化と日本の社会的対応

竹内常善 編 ［ACRC 叢書1］

驚くべき規模と急速な技術進歩を続ける、工業大国としての中国の実像を捉え、さらに発展する中国経済に対抗し共存するために、企業中心の日本社会としてとるべき姿勢と方策を探る。

二六〇〇円＋税

ソーシャル・アジアへの道

―市民社会と歴史認識から見据える―

竹内常善・斉藤日出治 編 ［ACRC 叢書2］

EUに学ぶ地域主権の在り方から、中国における市民社会の胎動、日本における過去のアジア主義の批判的再検討まで幅広く探究する。アジアの市民社会の成長に向けた論文集。

二六〇〇円＋税

アジアのメディア文化と社会変容

斉藤日出治・高増明 編

メディア文化論という視点を通して見る現代アジア社会の文化・政治・経済の関係。インターネット、映画、音楽など身近なテーマから、日・韓・中における新たな社会変容を捉える。

二五〇〇円＋税

東アジアの社会保障

―日本・韓国・台湾の現状と課題―

埋橋孝文・木村清美・戸谷裕之 編

各国・地域における社会保障は、どのような共通点と相違点を持つか。またその現状をどう評価するか。少子高齢化など、制度が直面する課題を多角的に検証し、今後の政策の指針を示す。

二六〇〇円＋税

＊表示は二〇一三年三月現在の価格です。